Q&Aでわかる
国外財産調書制度

川田 剛

税務経理協会

は し が き

　国際化の進展と急速な円高の進行に伴い，わが国でも居住者や内国法人による国外財産取得が急増しています。

　そのうち，法人による国外投資等については，財務諸表上その内容が明らかにされていますが，個人による国外投資や国外財産の取得については，国外送金等調書による間接的なデータはあるものの，それらの資産の保有状況等に関する資料の提出制度は設けられていませんでした。

　他方，最近における税務調査事例等をみてみますと，個人，特に居住者が多額の国外財産を保有しているにもかかわらず，この種の資料の提出が義務付けられていないことなどから，国外財産の申告漏れが多発しています。

　そこで，平成24年度の税制改正で，総額5,000万円超の国外財産を保有する居住者に対し，それらの資産の種類及び所在地，価額等を明らかにした調書の提出を義務付けるという制度が創設されました。

　この法律の施行は平成25年12月31日現在に保有する国外財産の金額が5,000万円を超える者について，平成26年1月1日以後に提出すべき分からとされていますので，まだ若干の時間的余裕はあります。

　しかし，この制度は平成10年から施行された国外送金等に関する調書と一体をなす重要な制度であり，対象者のほとんどはいわゆる富裕層と思われます。

　これまで同様の制度が導入されている先進諸国の例などをみてみますと，この制度が有効に機能するか否かは，納税者本人だけでなくそのアドバイザーである税務の専門家の働き如何によるようです。そのため，例えば米国などでは税務専門家を通じたクライアントへの指導に重点を置いた事務運営が行われています。換言すれば，税理士や会計士，弁護士といった税務専門家の役割がクローズアップされるということでもあります。

　そこで，本書では主としてこれらの税務専門家を念頭に置きながら質疑応答方式でまとめてみました。まだ通達等も公表されていない段階であえて本書を

発刊することとしたのも，このような問題意識に立ち，できるだけ前広に準備しておいていただきたいという著者の気持ちの表れです。したがって，通達等が公表された段階で補正又は修正等の必要性が生じてくることも考えられますが，現時点で利用しうるデータをできる限り広い視点でまとめてあります。

　なお，本書の出版に当たっては，税務経理協会の大坪社長から有益なご示唆をいただきました。また，編集部の山本さんにも多大のご負担をおかけいたしました。

　本書が若干でも皆様のお役に立つことができれば望外の幸せです。

　　　　　　　　　　　　　　　　　　　　　　　　　平成24年6月吉日
　　　　　　　　　　　　　　　　　　　　　　　　　　　川田　剛

目 次

第1章 総 論

1 国外財産調書制度の概要 ……………………………………… 2
2 報告の対象となる国外財産 …………………………………… 4
3 制度創設の背景 ………………………………………………… 7
4 国外財産に係る所得等の申告漏れの具体例 ………………… 9
5 制度創設の必要性（従前の制度による対応可能性） ……… 10
6 納税環境整備のためこれまでとられてきた施策 …………… 11
7 国外財産に係る従来の情報把握の手段 ……………………… 12
8 諸外国における国外財産報告制度の状況 …………………… 14
9 要報告「国外財産基準額」が5,000万円超とされた理由 … 16

第2章 国外財産調書制度の概要

10 要報告義務者 …………………………………………………… 18
11 要報告義務者となる「居住者」の意義 ……………………… 19
12 非永住者，非居住者と国外財産調書制度 …………………… 20
13 国外財産調書の様式及び記載事項 …………………………… 21
14 国外財産調書の提出先 ………………………………………… 23
15 国外財産調書制度に係る質問検査権 ………………………… 24
16 適用開始時期 …………………………………………………… 25

第3章 国外財産調書の提出促進策

17 提出促進策（その1）【優遇措置】 …………………………… 28
18 提出促進策（その2）【加重措置】 …………………………… 30
19 加算税の加重判定において相続税が対象から外れている理由 … 32
20 既存の加算税減免措置との関係 ……………………………… 33

21	過少申告加算税又は無申告加算税の軽減特例の対象となる所得の範囲等 …………………………………………………………………………… 35
22	軽減，加重の特例の適用対象となる国外財産調書提出の有無の判断時期 …………………………………………………………………………… 37
23	提出期限後に提出された国外財産調書制度の取扱い ……………… 38
24	延滞税の控除期間等との関係……………………………………………… 39
25	不提出・虚偽記載等に対する罰則……………………………………… 41

第4章　既存の制度等との関係

26	財産債務明細書との関係（その1）……………………………………… 44
27	財産債務明細書との関係（その2）……………………………………… 46
28	国外送金等調書との関係（その1）……………………………………… 48
29	国外送金等調書との関係（その2）……………………………………… 50
30	国外財産調書制度と情報交換との関係………………………………… 51
31	徴収共助条約との関係（その1）………………………………………… 52
32	徴収共助条約との関係（その2）………………………………………… 54
33	番号制度（マイナンバー制度）との関係……………………………… 55
34	外国親会社から付与されたストック・オプションの権利行使等との関係 …………………………………………………………………………… 57
35	所得税における海外取引調査…………………………………………… 59
36	相続税における海外資産等に係る調査………………………………… 62
37	法人税における海外取引調査の状況…………………………………… 64
38	国税当局による資料情報収集状況……………………………………… 66
39	法定資料とそれ以外の資料……………………………………………… 68
40	主要国における資料情報制度の概要…………………………………… 69
41	法定資料の存在していない国における資料情報の収集……………… 71

第5章　要報告資産

42　要報告財産 …………………………………………………… 74
43　スイスの番号口座（Numbers Account）………………… 75
44　特定海外金銭信託（Fiduciary Account）………………… 77
45　資産と負債が両建てになっている場合 …………………… 78
46　未分割の国外財産 …………………………………………… 80
47　国外不動産の共同所有（合有）…………………………… 81
48　夫の預金から海外送金をし，ジョイント・テナンシーで不動産を購入
　　した場合 ……………………………………………………… 83
49　海外のジョイント・アカウント（Joint Account）……… 85
50　LLCを通じた外国の土地所有 ……………………………… 86
51　為替レートの変動による資産価額の増減と報告義務 …… 88
52　要報告資産の年度による変動 ……………………………… 90

第6章　報告の対象となる財産の所在地

53　動産，不動産 ………………………………………………… 92
54　鉱業権・漁業権等 …………………………………………… 94
55　預貯金等 ……………………………………………………… 95
56　米国で非課税とされている預金 …………………………… 96
57　在日外銀支店口座への外貨預金 …………………………… 98
58　在外支店への円建て預金 …………………………………… 99
59　外国法人の株式，社債等 …………………………………… 100
60　日本国内の土地等を保有している外国法人 ……………… 101
61　外国法人に対する出資に係る権利 ………………………… 102
62　生命保険契約又は損害保険契約の保険金 ………………… 103
63　貸付金債権 …………………………………………………… 104
64　退職手当等功労金等 ………………………………………… 106

65	集団投資信託，法人課税信託	107
66	特許権，実用新案権等	108
67	著作権，出版権	109
68	みなし贈与課税	110
69	売掛金，営業権等	111
70	国債・地方債等	112
71	発行元国等で非課税とされている国債等	113
72	その他の財産	114
73	財産の所在の判定時期	115

第7章 国外財産の評価

74	国外財産の評価	118
75	「見積価額」の意義	120
76	国外に所有する不動産の評価	121
77	不動産等を共同で所有している場合の評価	123
78	上場株式の評価	125
79	非上場株式の評価	126
80	預貯金等の評価	127
81	貸付金債権の評価	128
82	特許権等（無体財産権）の評価	129
83	公社債の評価	132
84	訴訟中の権利の評価	134
85	評価した国外財産に係る邦貨換算	135

第8章 情報交換

86	国外財産調書の提出がない場合等における情報交換による補完	138
87	情報交換の種類	139
88	情報交換の現状	140

89	要請に基づく情報交換の活用例	141
90	自発的情報交換の活用例	143
91	自動的情報交換の活用例	145
92	効果的な情報交換に向けての当局の取組み	147
93	租税条約に基づく情報交換ネットワークの現状	149
94	タックス・ヘイブン国等との間の情報交換条約	151
95	執行共助条約	153
96	在外財産に係る米国の情報収集	154
97	「有害な税の競争」論議との関係	155

第9章 個人富裕層によるオフショア利用と当局の対応

1 OECD

98	主要国における個人富裕層の現状	158
99	個人富裕層によるオフショア資産の保有	160
100	個人富裕層によるオフショア資産の保有規模	162
101	富裕層による国際的な課税のがれの典型例	164
102	個人富裕層の税務コンプライアンスに関する主要先進国の問題意識	166
103	富裕層によるアグレッシブなプランニングに対する当局の対応	168
104	富裕層による国外移住	170
105	マネーロンダリング規制法（小口分散送金等）との関係	172
106	OECDにおけるオフショア所在財産の自発的開示プログラム	174
107	オフショア所在財産に係る自発的開示の効果	176

2 米 国

108	米国における国際的な課税のがれ	179
109	オフショアを利用した課税のがれの方法（米国の場合）	181
110	米国におけるオフショア・コンプライアンスの現状	182
111	オフショア・コンプライアンス強化に向けての米国の取組み	183
112	米国の国外財産報告制度	185

113	FFIからIRSへの報告事項	186
114	米国における国外送金報告制度	188
115	米国の脱税情報提供者に対する報奨金支払制度	190

第10章 その他

116	翌年3月15日までに出国予定の場合	192
117	所得税の更正等があった場合における加算税の増減の対象となる国外財産調書の年分	193
118	相続税の調査があった場合における加算税軽減の対象となる国外財産調書の年分	195
119	国外財産調書制度における税務専門家の役割と責任	197
120	国外への現金持出し等に係る税関申告制度との関係	198
121	更正等の内容に国外財産に係る部分以外が含まれている場合における加算税の扱い	200
122	更正等に係る部分に加算税の軽減対象部分と加重対象部分の双方が含まれている場合の扱い	201
123	国外財産調書対象部分に重加算税対象部分が含まれている場合	203

索引 205

【 凡 例 】

法令及び通達	本文中（ ）内表記
国税通則法	通則法
国税徴収法	徴収法
所得税法	所法
所得税法施行規則	所規
相続税法	相法
相続税法施行令	相令
相続税法基本通達	相基通
租税特別措置法	措法
財産評価基本通達	評基通
内国税の適正な課税の確保を図るための国外送金等に係る調書の提出等に関する法律	送金等法
内国税の適正な課税の確保を図るための国外送金等に係る調書の提出等に関する法律施行令	送金等令
内国税の適正な課税の確保を図るための国外送金等に係る調書の提出等に関する法律施行規則	送金等規則

第1章

総論

| Question 1 | 国外財産調書制度の概要 |

> 平成24年度の税制改正で「国外財産調書制度」が創設されることになったとのことですが、そもそもそれはどのような制度なのでしょうか？

 年末において有する国外財産価額5,000万円超の居住者に対し、それらの財産に関する必要な事項を記載した調書（国外財産調書）を税務署長に提出するという制度です。

解説

1 平成24年度の税制改正で、納税環境整備の一環として、「国外財産調書制度」が創設されました。

2 この制度は、その年の12月31日において有する国外財産の価額の合計額が5,000万円を超える居住者に対し、当該財産の種類、数量及び価額その他必要な事項を記載した調書（いわゆる「国外財産調書」）を、翌年3月15日までに税務署長に提出することを義務付けるという制度です。

具体的には次のようなイメージです。

第1章 総論

【国外財産調書制度に関するイメージ図】

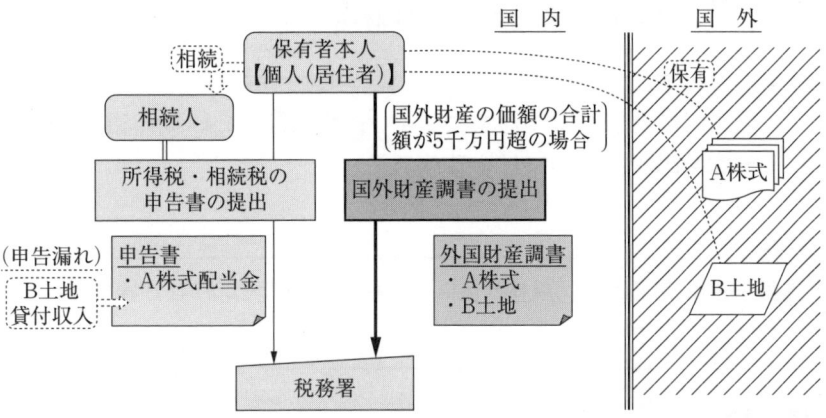

(資料出所:財務省)

※ 上記の制度は,平成26年1月1日以後に提出すべき国外財産調書について適用されます(平成24年改正法附則59)。

したがって,平成25年12月31日現在において有する国外財産の価額が,5,000万円超であれば本制度が適用になります。

| Question 2 | 報告の対象となる国外財産 |

国外財産調書制度の対象となる「国外財産」とは具体的にどのようなものをいうのでしょうか？

　国外にある財産，具体的には相続税法10条でその所在が国外と判定された財産です。

解　説

1　国外財産調書提出の対象となる「国外財産」とは，国外にある財産をいうこととされています（送金等法2七）。

2　そして，所在については，相続税法第10条第1項及び第2項の定めるところにより判定することとされています（送金等令10①）。

3　ちなみに，相続税法10条では，財産を15種類に区分し，それぞれの財産について所在の判定を行うこととしています。そこで財産の所在地が国外にあると判定されたものが，国外財産調書制度の対象となる「国外財産」ということになります。

（注）　相続税法第10条では，財産の種類及びそれぞれの財産に係る所在の判定は，次により行うこととしています（相法10①各号及び②③）。

第1章　総論

【財産の種類別にみた財産の所在の判定（相法10）】

項	号	財産の種類	所在の判定
1	一	動産	その動産の所在による。
		不動産又は不動産の上に存する権利	その不動産の所在による。
		船舶又は航空機	船籍又は航空機の登録をした機関の所在（船籍のない船舶については，その所在による（相基通10-1））による。
	二	鉱業権，租鉱権，採石権	鉱区又は採石場の所在による。
	三	漁業権又は入漁権	漁場に最も近い沿岸の属する市町村又はこれに相当する行政区画の所在による。
	四	預金，貯金，積金又は寄託金で次に掲げるもの ① 銀行又は無尽会社に対する預金，貯金又は積金 ② 農業協同組合，農業協同組合連合会，水産業協同組合，信用協同組合，信用金庫，労働金庫又は商工組合中央金庫に対する預金，貯金又は積金	その受入れをした営業所又は事業所の所在による。
	五	生命保険契約又は損害保険契約の保険金	その契約に係る保険会社等の本店又は主たる事務所（法施行地（日本国）に本店又は主たる事務所がない場合，法施行地に当該保険の契約に係る事務を行う営業所，事務所その他これらに準ずるものを有するときは，これらの営業所等）の所在による。
	六	退職手当金等，功労金その他これらに準ずる給与	その給与を支払った者の住所又は本店若しくは主たる事務所（前号に同じ）の所在による。
	七	貸付金債権	その債務者の住所又は本店若しくは主たる事務所の所在による。
	八	社債，株式，出資等	その社債若しくは株式の発行法人の本店又は主たる事務所の所在による。

	九	集団投資信託又は法人課税信託	これらの信託の引受けをした営業所の所在による。
	十	特許権，実用新案権，意匠権，商標権等	その登録をした機関の所在による。
	十一	著作権，出版権，著作隣接権	これを発行する営業所又は事業所の所在による。
	十二	相続税法7条の規定により贈与又は遺贈により取得したものとみなされる金銭	そのみなされる基因となった財産の種類に応じ，所在を判定する。
	十三	上記一から十二までの財産以外の財産で営業上，事業上の権利（売掛金等のほか，営業権，電話加入権等）	その営業所又は事業所の所在による。
2		国債，地方債	国（日本国）債及び地方債は，法施行地（日本国内）に所在するものとする。 外国又は外国の地方公共団体その他これに準ずるものの発行する公債は，その外国に所在するものとする。
3		第1項各号に掲げる財産及び前項に規定する財産以外の財産	当該財産の権利者であった被相続人又は贈与をした者の住所の所在地

第1章 総論

Question 3 制度創設の背景

国外財産調書制度が創設されるようになったのはどうしてなのでしょうか？

国外財産に係る所得の申告漏れや、相続財産の申告漏れの増加。

解説

1 国外財産調書制度の創設の是非について議論された平成23年12月1日の税制調査会に提出された財務省資料によれば、この制度の創設が必要な理由として、次のように述べられています。

「国外財産に係る所得の申告漏れや相続財産の申告漏れについては、近年増加傾向にある。」

(注) ちなみに、そこでは国外財産に関する保有・申告漏れの状況として財務省から次のような資料が提出されています。これを見てみますと、所得税では1件平均で約3,400万円、相続税では1億円超の国外財産が申告漏れとなっています。

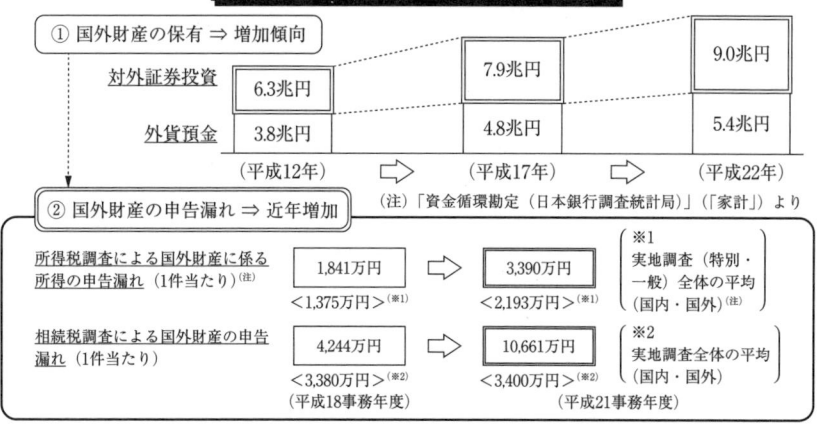

② その上で,

「内国税の適正な課税及び徴収に資するため,一定額を超える国外財産を保有する個人(居住者)に対し,その保有する国外財産に係る調書の提出を求める制度を創設する。」

としています。

③ このような問題点をふまえ,平成24年度の税制改正大綱では,次のように述べられています(6. 国際課税,(1)適正な課税及び徴収に向けた措置等)。

「国際課税については,国際的租税回避を防止して我が国の適切な課税権を確保する(ため)……制度・執行の両面において対応する必要があります。

……加えて,国外財産に係る所得や相続財産の申告漏れが近年増加傾向にあること等を踏まえ,内国税の適正な課税及び徴収に資するため,一定額を超える国外財産を保有する個人に対し,その保有する国外財産に係る調書の提出を求める制度を創設します。」

第1章 総論

Question 4 国外財産に係る所得等の申告漏れの具体例

国外財産に係る所得の申告漏れや相続財産の申告漏れが近年増加傾向にあるとのことですが，具体的にどのような申告漏れがあったのでしょうか？

解説参照。

解説

国外財産に係る所得税の申告漏れ及び相続財産の申告漏れの事例として，税制調査会で次のような事例が紹介されています（財務省提出資料）。

国外財産に係る所得等について申告除外していた事例

1 所得税
○ 国外株式から生じる配当金の申告除外
　給与所得者であるAは，外国法人B社の株式を購入し，株式配当金を得ていたが，当該配当金を申告から除外していた。
　税務調査の過程で，B社株式の保有・異動に関する連絡文書を発見し，これを端緒として株式配当金の申告除外が把握された。当該配当金の申告除外額は，約10億円。

2 相続税
○ 国外口座の預金の申告除外
　被相続人C（親）は，生前に得た収入を国外の銀行口座に預金していた。相続人D（子）は，当該国外預金を相続財産とせず，申告から除外していた。
　税務調査の過程で，当該銀行口座に係る運用報告書を発見し，これを端緒として国外預金の申告除外が把握された。当該国外預金の申告除外額は，約30億円。

Question 5　制度創設の必要性（従前の制度による対応可能性）

国外財産調書制度を創設しなければ，国外所在財産に関する情報入手ができないのでしょうか？

 情報交換，国外送金等調書といった手段はありますが，それだけでは不十分なためです。

解　説

① 居住者による「海外預金」や「国外での株式投資」，「国外所在不動産」の所有等に関する情報については，これまでも「国外送金等に関する調書」や「租税条約に基づく情報交換」規定を利用した情報入手等により，それなりの対応がなされてきました。

② しかし，「国外送金等に関する調書制度」だけでは国外送金後の運用状況等のフォローが不可能なこと，また，「租税条約に基づく情報交換」についても，国外所在財産すべてについて情報交換により情報を入手することは相手国の当局の事務負担の問題から必ずしも十分な対応とはなっていませんでした。

③ その結果，国内財産に比して国外所在財産の情報把握が弱く，それが所得税や相続税，贈与税における国外財産の申告漏れの増加につながっているとの指摘がなされていました（例えば平成23年11月8日及び12月1日税制調査会）。

④ そこで，平成24年度の税制改正で，「納税者本人」に対し，その保有する国外財産について直接情報の提供を求めることとされたものです。

第1章　総　論

Question 6　納税環境整備のためこれまでとられてきた施策

　今回の「国外財産調書制度」は，オフショア（国外）がからんだ所得税や相続税，贈与税の申告水準の向上を図るという意味で，重要な第一歩だということはわかりましたが，これまで納税環境の整備のための施策として，どのような措置が講じられてきたのでしょうか？

解説参照。

解　説

1　税務コンプライアンス（いわゆる申告水準）の向上のためには，税務調査面での充実に加え，第三者から提供される税務に関する情報の入手が不可欠です。

2　そのため，税務当局では，平成9年に創設された「国外送金等調書制度」をはじめ，これまでも各種の資料情報の法定化に努めてきました。

3　ちなみに，税務コンプライアンス向上に関する改正のうち，オフショア関連のものをあげてみますと次のようになっています。

公布年	主な施策
平成9年	・国外送金等調書提出制度の創設（200万円超の国外送金）
平成15年	・租税条約に基づく情報収集制度の創設
平成19年	・資料情報・源泉徴収制度の対象範囲の拡大等（通訳，投資事業組合等）
平成20年	・先物取引（FX取引等）に関する資料情報制度の整備 ・国外送金等調書の提出基準の引下げ（200万円超→100万円超）
平成23年	・「故意の申告書不提出によるほ脱犯」及び「消費税の不正還付未遂罪」の創設

4　さらに，諸外国の税務当局との情報交換，調査時における資料収集などで執行面での資料収集にも対応の努力が払われています。

Question 7　国外財産に係る従来の情報把握の手段

「国外財産調書制度」創設前における国内財産と国外財産の把握はどのような形で行われていたのでしょうか？

　解説例イメージ図参照。

解　説

1「国外財産報告制度」創設前における国内財産と国外財産に係る情報の把握のうち，国内財産については，申告書，財産債務明細書，総収入金額報告書などにより，情報を入手するとともに，納税者本人を調査し，必要があれば取引金融機関や財産の所在地に直接出向いてその確認を行うことなどにより対応がなされてきました。

2　しかし，国外所在財産については，例えば，わが国の税務当局が国外の金融機関に対し直接調書の提出を求めたり，必要に応じそれらの口座を直接調査することは，執行管轄権の制約から困難であり，情報交換にも一定の制約があります。

（注）　税務当局がこの種の権限を行使できるのは，わが国の法令が施行されている地域に限られています。

　具体的には次のようなイメージです。

第1章　総論

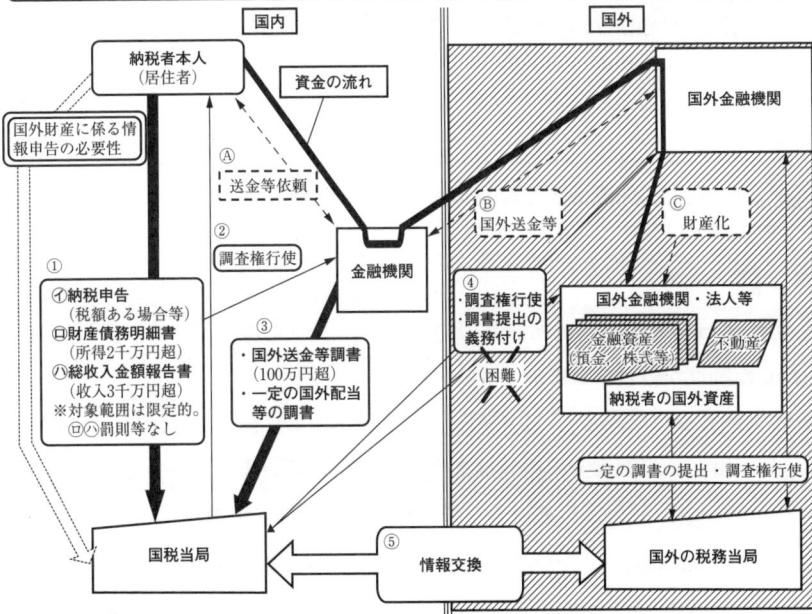

(資料出所：平成23年11月8日・政府税制調査会資料)

❸　このような問題意識から，平成24年度の税制改正で「国外財産調書制度」が創設されることになったという次第です。

Question 8　諸外国における国外財産報告制度の状況

諸外国でも国外財産調書制度のようなものは設けられているのでしょうか？

　ほとんどの先進諸国で存在します。

解　説

1 国によって若干の差はあるものの、ほとんどの先進諸国でわが国の制度と類似した制度が設けられています。

2 税制調査会（平成23年11月8日）に提出された資料によれば諸外国における「外国財産報告制度」の概要は次のようになっています。

諸外国における「外国資産報告制度」の概要

	報告者等	違反があった場合の措置
米	○ ①残高1万ドル超の外国金融口座、②5万ドル超の特定外国金融資産（外国預金口座，外国法人が発行する有価証券等）を保有する個人・法人等	○ ①の場合，当該口座に係る情報の未報告について，口座1件当たり1万ドル以下の制裁金（故意の場合は10万ドルと口座残高の50％のいずれか高い金額の制裁金）。また，刑事罰として，5年以下の懲役若しくは25万ドル以下の罰金またはその併科。 ○ ②の場合，当該金融資産に係る過少申告額の40％（通常20％）の制裁金。また，刑事罰として，1年以下の懲役もしくは2.5万ドル（法人は10万ドル）以下の罰金またはその併科。
独	○ 外国法人の10％以上の持分等を保有する個人・法人等	○ 未報告の場合，5,000ユーロ以下の制裁金。
仏	○ 外国金融口座，外国生命保険契約を保有する個人	○ 未報告の口座1件当たり1,500ユーロの制裁金。なお，情報交換協定等未締結国に保有する未報告口座については1万ユーロの制裁金。 ○ 未報告の保険契約に係る払込額の25％の制裁金。

加	○ 合計10万ドル超の外国資産を保有する個人・法人等	○ 以下のいずれかの金額の制裁金が課される。 — 未報告の場合，督促後違反継続期間中，1日25ドルの制裁金（最低100ドル，最高2,500ドル） — 故意による未報告の場合，督促後違反継続期間中，月1,000ドルの制裁金（最高24,000ドル） — 24ヶ月以上の未報告の場合，未報告額の5%
豪	○ 合計5万ドル以上の外国資産，外国法人の10％以上の持分等を保有する個人	○ 未報告の場合，最大で1年以下の懲役もしくは5,500ドル以下の罰金またはその併科。
韓	○ 合計10億ウォン超の外国金融口座を保有する個人・法人	○ 未報告の場合，口座残高の10％以下の制裁金等。

(注) これらの国では，居住者が未報告の外国口座等からの所得を自主的に申告した場合に制裁金などを軽減する仕組み等を時限的または恒久的に採用し，コンプライアンスの履行を促進している。

| Question 9 | 要報告「国外財産基準額」が5,000万円超とされた理由 |

　国外財産調書の提出が必要となる国外財産の金額は5,000万円超となっているようですが，どうしてそのような水準に設定されたのでしょうか？
　1億円のほうが区切りとしてよいのではないでしょうか？

　基準額の設定に当たっては，相続税の基礎控除部分等が参考にされています。

解　説

① 国外財産調書の提出が必要となる金額（いわゆる「国外財産の基準額」）をいくらにするかは，基本的には政策判断の問題ですので，おっしゃるように，例えば1億円超とするようなやり方も考えられます。

② しかし，これまでにおける所得税や相続税の国外財産に係る課税漏れが5,000万円前後となっていること，相続税の基礎控除部分が5,000万円となっていることなどからみてみますと，5,000万円というのも一つの区切りであることは事実です。

③ 今回，国外財産の報告基準額が5,000万円超とされたのは，その辺りが考慮されたのではないかと思われます。

第 2 章

国外財産調書制度の概要

| Question 10 | 要報告義務者 |

国外財産調書制度において報告義務を負っているのは誰になるのでしょうか？

 5,000万円超の国外財産を有している「居住者」です。

解説

1. 国外財産は，「居住者」で，その年分の12月31日において5,000万円超の国外財産を保有している者とされています（送金等法5①）。
2. したがって，「非居住者」については，この義務はありません。
3. 同様に「非永住者」もこの義務は負っていません（同項かっこ書き）。

具体的には次のようなイメージです。

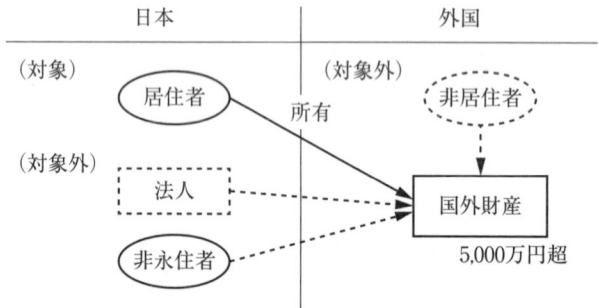

-18-

Question 11 要報告義務者となる「居住者」の意義

国外財産調書制度において調書の提出が義務付けられている「居住者」とは，具体的にどのような者をいうのでしょうか？

　所得税法で規定されている「居住者」です。

解説

　国外財産調書制度において，一定金額以上（5,000万円超）の国外財産を有する者に提出が義務付けられている「非永住者以外の居住者」とは，所得税法で規定する「居住者」及び「非永住者」をいうこととされています。

（注）　ちなみに，所得税法で規定する「居住者」とは，国内に住所を有し，又は現在まで引き続いて1年以上居所を有する者ということとされています（所法2①三）。
　　　また，「非永住者」とは，日本の国籍を有しておらず，かつ，過去10年以内において国内に住所又は居所を有していた期間の合計が5年以下である個人をいうこととされています（所法2①四）。

Question 12 非永住者,非居住者と国外財産調書制度

私は居住者ではありますが,いわゆる「非永住者」に該当しています。
私のような場合であっても一定金額を超える国外資産を有していれば,国外財産調書制度の対象になるのでしょうか?
また,非居住者だった場合はどうなるのでしょうか?

A どちらも対象になりません。

解説

 国外財産調書制度により国外財産に係る調書の提出が義務付けられているのは,「居住者」に限られています(送金等法5)ので,「非居住者」については,そもそもこの制度の対象外となっています。

 また,「非永住者」は「居住者」には該当しますが,内国税の適正な課税の確保を図るための国外送金等に係る調書の提出等に関する法律第5条第1項かっこ書(平成24年改正後)で,「非永住者」は除外されています。

 したがって,貴方の場合,たとえ5,000万円超の国外財産を保有していたとしても国外財産調書の提出義務はありません。

(注) ちなみに,「非居住者」については,国外源泉所得のうち国内で支払われていたもの及び国外から送金されたもののみが所得税の課税対象とされている(所法7①二)など,本来の居住者とは異なった課税となっています。

第2章　国外財産調書制度の概要

Question 13　国外財産調書の様式及び記載事項

国外財産調書の様式及び記載要領はどのようになっているのでしょうか？

　解説参照。

解　説

1　国外財産調書の様式は次図のようになっています（送金等規則別表）。

2　また、そこに記載すべき事項は、次のような事項です。
　①　その年の12月31日において、5,000万円を超える国外財産を所有している非永住者以外の居住者の氏名及び住所又は居所
　②　国外財産の種類（注）、数量、価額及び所在その他必要な事項

（注）　種類別、用途別に個々の財産ごとに記載します。ただし、「書画、骨とう及び美術工芸品」並びに「その他の動産」については、1件当たり10万円未満のものは除外して差支えありません（同規則別表一（九）、（十一））。

3　これらに加え、財産区分ごとの価額の合計額を記載した「合計表」（注）も提出することとされています。

（注）　この様式については、通達等において示される予定となっています。

別表第二

国外財産を 有する者	住所又は居所						
	氏　　名				（電話）		

国外財産 の区分	種類	用途	所　　在	数量	価　　額	備考
	合　計　額					

（摘要）

（用紙　日本工業規格　Ａ４）

備　考
1　この調書は、法第5条第1項に規定する国外財産調書について使用すること。
2　この調書の各欄の記載は、別表第1によること。
3　合計表をこの書式に準じて作成し、添付すること。

Question 14 国外財産調書の提出先

国外財産調書の提出先はどこになるのでしょうか？（特に所得税の納税義務者でない場合）

A 解説参照。

解 説

1 国外財産調書の提出義務を負う者は所得税の納税義務者に限られているわけではありません。

そのため、納税者の態様に応じ、次の（場所の）所轄税務署長に提出することとされています（送金等法5①）。

① その年分の所得税の納税義務がある者……その者の所得税の納税地
② それ以外の者……その者の住所地（国内に住所がないときは居所地）

2 したがって、所得税の納税義務者でない場合には、その者の住所地（国内に住所がないときは居所地）を所轄する税務署長あてに提出することとなります。

(注) 所轄税務署長が不明のときは、国税庁のホームページ http://www.nta.go.jp/tetsuzuki/ でチェックしてみてください。

Question 15　国外財産調書制度に係る質問検査権

所得税や相続税では国税庁等の当該職員に質問検査権が与えられていますが，国外財産調書制度においても同様の規定が設けられているのでしょうか？

A　設けられています。

解説

1 国税通則法等に規定する支払調書その他の調書の提出者に対する質問検査権（通則法74の2①ほか）と同様に，国外財産調書制度においても，国税庁，国税局又は税務署の当該職員は，国外財産調書の提出に関する調査について必要があるときは，当該国外財産調書を提出する義務がある者に質問し，その者の国外財産に関する帳簿書類その他の物件を検査し，当該物件（その写しを含みます）の掲示若しくは提出を求めることができることとされています（送金等法7②）。

2 なお，質問検査の対象となる者には，国外財産調書を提出する義務がある者のみでなく，当該国外財産調書を提出する義務があると認められる者も含まれます（同前かっこ書き）。

3 なお，この質問検査権は，他の質問検査権と同じく，犯罪捜査のために設けられたものではありませんので念のため（送金等法7④，通則法74の2ほか）。

第2章　国外財産調書制度の概要

Question 16　適用開始時期

国外財産調書制度はいつから適用になるのでしょうか？

A　平成26年1月1日以後に提出すべき国外調書から。

解説

1　国外財産調書制度は，平成26年1月1日以後に提出すべき国外財産調書（平成26年3月15日までに要提出）から適用されることとなっています（送金等法附則1及び同令附則1）。

2　したがって，平成25年12月31日現在で5,000万円超の国外財産を保有している人は翌年の申告期にこの調書を提出しなければならないこととなります。

（注）　ただし，国外財産調書の不提出・虚偽記載に対する罰則については，平成27年1月1日以後に提出すべき国外財産調書から適用されることとされています。

3　具体的には，次のようなイメージです。

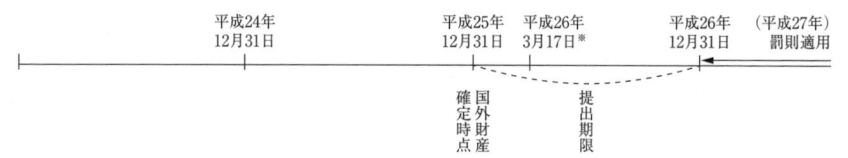

```
       平成24年          平成25年 平成26年         平成26年  （平成27年）
       12月31日          12月31日 3月17日※        12月31日   罰則適用
   ├──────────────────────┼──────┼──────────────┼──────
                         確  国              提
                         定  外              出
                         時  財              期
                         点  産              限
```

※　平成26年は3月15日がたまたま土曜日に当たるため提出期限が3月17日となります。

第3章

国外財産調書の提出促進策

Question 17 提出促進策（その1）【優遇措置】

国外財産調書の提出促進のための優遇措置が講じられているとのことですが，具体的にどのような内容になっているのでしょうか？

A 過少申告加算税及び無申告加算税の軽減。

調 書

1 国外財産調書の提出促進策として，国外財産に係る所得税又は相続税の申告漏れ又は無申告について，提出された国外財産調書（更正・決定を予知して期限後に提出されたものを除く）に，次のとおり，当該国外財産の記載がある部分については，過少申告加算税（通則法65）（10％，15％）又は無申告加算税（通則法66）（15％，20％）は，当該所得税又は相続税の5％に相当する金額を控除してこれらの加算税を課することとされています（送金等法6①）。

① 国外資産に起因して生じた所得に係る所得税について申告漏れがある場合において，その年分の国外財産調書（譲渡，解約等がある場合はその前年分の国外財産調書）に，当該国外財産の記載があるとき

② 国外財産に係る相続税について申告漏れがある場合において，相続の年分の国外財産調書又はその前年分の被相続人の国外財産調書のいずれかに，当該国外財産の記載があるとき

2 具体的には次のようなイメージです（過少申告加算税の場合）。

第3章　国外財産調書の提出促進策

●通常の加算税について上乗せ部分がない場合

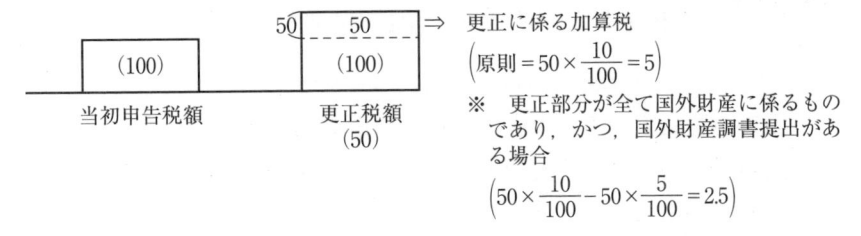

更正に係る加算税 $\left(原則 = 50 \times \dfrac{10}{100} = 5\right)$

※　更正部分が全て国外財産に係るものであり，かつ，国外財産調書提出がある場合

$\left(50 \times \dfrac{10}{100} - 50 \times \dfrac{5}{100} = 2.5\right)$

※　この場合であれば加算税額が5の半分の2.5になります。

●通常の加算税について上乗せ部分がある場合

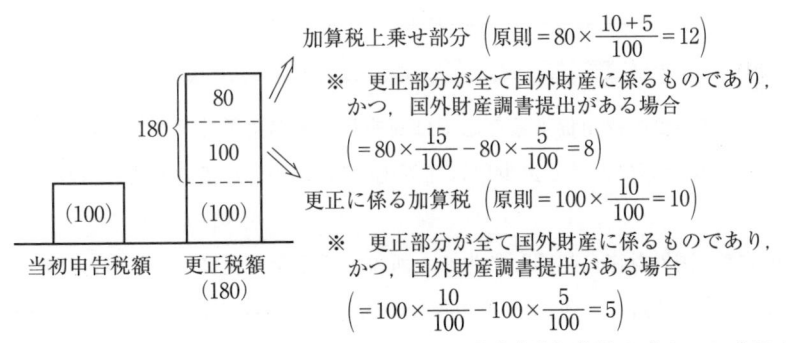

加算税上乗せ部分 $\left(原則 = 80 \times \dfrac{10+5}{100} = 12\right)$

※　更正部分が全て国外財産に係るものであり，かつ，国外財産調書提出がある場合

$\left(= 80 \times \dfrac{15}{100} - 80 \times \dfrac{5}{100} = 8\right)$

更正に係る加算税 $\left(原則 = 100 \times \dfrac{10}{100} = 10\right)$

※　更正部分が全て国外財産に係るものであり，かつ，国外財産調書提出がある場合

$\left(= 100 \times \dfrac{10}{100} - 100 \times \dfrac{5}{100} = 5\right)$

※　この場合，調書提出をしていたことによって過少申告加算税は（12+10=）22から，(8+5=)13に軽減されることになります。

Question 18 　提出促進策（その2）【加重措置】

　国外財産調書の提出促進策として，優遇措置だけでなく，加重措置も講じられていると聞きましたが，具体的にどのような内容になっているのでしょうか？

A　加算税の加重（5%）。

解　説

1 国外財産調書の提出促進策としては前述した優遇措置だけでなく，調書の提出がない場合等における過少申告加算税の加重（5%）措置も講じられています。

2 例えば，国外財産に起因して生じた所得に係る所得税について申告漏れ又は無申告である場合において，その年分の国外財産調書について，その提出がないとき又は当該国外資産の記載がない部分については，過少申告加算税（10%，15%）又は無申告加算税（15%，20%）は，当該所得税の5%に相当する金額を加算した上で，これらの加算税を課することとしています（送金等法6②）。

3 これは，国外財産調書の提出があり，そこに国外財産の記載があったとしても，重要な事項の記載が不十分だった場合にあっても同様とされています。

4 ちなみに，加算税の過重制度は，具体的には次のようなイメージです（過少申告加算税の場合）。

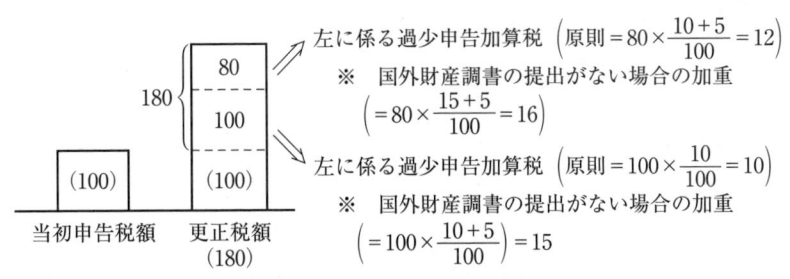

第3章　国外財産調書の提出促進策

左に係る過少申告加算税 $\left(原則 = 80 \times \dfrac{10+5}{100} = 12\right)$

※　国外財産調書の提出がない場合の加重 $\left(= 80 \times \dfrac{15+5}{100} = 16\right)$

左に係る過少申告加算税 $\left(原則 = 100 \times \dfrac{10}{100} = 10\right)$

※　国外財産調書の提出がない場合の加重 $\left(= 100 \times \dfrac{10+5}{100}\right) = 15$

180 { 80 / 100 }

(100)　(100)

当初申告税額　更正税額
　　　　　　　(180)

※　国外財産調書の提出がない場合，通常であれば加算税（12＋10＝）22 だったものが，5％加重された結果（16＋15＝）31 となります。

| Question 19 | 加算税の加重判定において相続税が対象から外れている理由 |

> 国外財産調書制度において，調書が提出されている場合には所得税，相続税の調査において過少申告加算税が軽減されることになっているのに対し，調書が提出されていない場合の加算税加重対象から相続税が外されているのはどうしてなのでしょうか？

A 解説参照。

解説

■ 国外財産調書制度においては，その適正な履行を推進する見地から，所得税又は相続税の調査において国外財産に係る申告漏れがみつかったとき同調書を提出していれば，過少申告加算税の割合が各5％軽減，その提出がなかった場合で所得税の申告漏れがみつかったときは，過少申告加算税が5％加重という，アメとムチの施策が採用されています。

■ ところで，過少申告加算税の軽減対象は所得税と相続税（送金等法6①）なのに，加重対象が所得税のみ（送金等法6②）となっているのはどうしてなのでしょうか。それは，相続財産に含まれる国外財産について報告義務があるのは，それらの財産の所有者である被相続人であり，その義務のない相続人にその責任を負わせるのは相当でないということによるものと思われます。

(注) なお，例えば被相続人に国外財産があり，相続人がそれと知っていながら，被相続人が報告していなかったことを奇貨として相続税の課税対象から除外しているような場合には，悪質な相続税のがれとして重加算税適用対象（通則法68）になるほか，相続税の脱税罪（相法68）に問われる可能性もありますので注意が必要です。

第3章 国外財産調書の提出促進策

Question 20 既存の加算税減免措置との関係

国外財産調書の提出があるか否かで申告所得税に係る過少申告加算税が加重・軽減（相続税については軽減）されるとのことですが，既存の制度の中で加算税減免規定が適用されるような場合はどうなるのでしょうか？

A 既存の減免規定が適用になります。

解 説

① 修正申告書の提出が更正を予知したものでない場合等においては，過少申告加算税（通則法65①ただし書き，④⑤）が，また，無申告の場合においても期限内申告書の提出がなかったことについて正当な理由がある場合等においては，無申告加算税（通則法66ただし書き，⑥）がそれぞれ課されないこととなっています。

② この制度は，申告納税制度の本旨に沿って設けられている規定です。したがって，この規定は，国外財産調書の提出の有無等に関係なく適用されます。

③ なお，正当な理由がないのに国外財産調書の提出がない場合には，内国税の適正な課税の確保を図るための国外送金等に係る調書の提出等に関する法律に規定するペナルティが別途課されることになっていますので念のため（送金等法9②）。

(注) ちなみに，過少申告加算税が課されない場合及び無申告加算税が課されない場合とは次のような場合です。

① 過少申告加算税が課されない場合 ─┬─ 正当な理由がある場合（通則法65①ただし書き）
　　　　　　　　　　　　　　　　　└─ 更正を予知しないで修正申告した場合（通則法65④⑤）

② 無申告加算税が課されない場合 ── 正当な理由がある場合（通則法66①ただし書き）

無申告加算税の不——法定申告期限内に申告する意思があったと認められる場合
　　適用　　　　　　　（通則法66⑥）
このほか，次のような場合もあります。
　　無申告加算税の軽——決定等を予知しないで申告した場合（この場合には軽減の
　　減　　　　　　　　みです）（通則法66⑤）

| Question 21 | 過少申告加算税又は無申告加算税の軽減特例の対象となる所得の範囲等 |

> 所得税の更正決定又は修正申告書の提出があった場合において，提出期限内に国外財産調書の提出がなされ，その内容に誤りがなかったときは，過少申告加算税又は無申告加算税の100分の5が控除（軽減）されるとのことですが，その対象となる所得は更正等に係るすべての所得なのでしょうか？

A 特定の所得のみ（解説参照）。

解説

1 所得の申告漏れ等があった場合において国外財産調書の提出がなされており，その内容に誤りがなかった場合に過少申告加算税又は無申告加算税が軽減される所得は，全ての所得ではなく，次の所得に限定されています（送金等法6①，同令11①各号）。

　一　国外財産から生ずる利子所得（所法23①に規定するもの）
　二　国外財産から生ずる配当所得（同法24①に規定するもの）
　三　国外財産の貸付けによる所得
　四　国外財産の譲渡による所得
　五　それ以外で国外財産に基因して生ずる所得（財務省令で規定するもの）

2 これから明らかなように，国内財産に係る申告漏れ部分については軽減の対象にはなりません。

具体的には次のようなイメージになります。

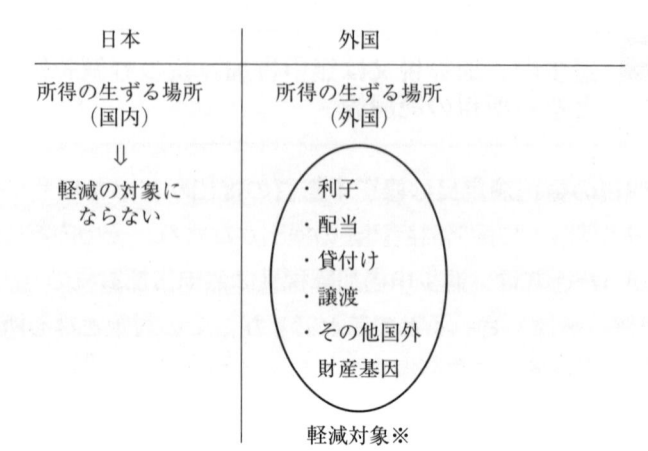

日本	外国
所得の生ずる場所 （国内） ⇩ 軽減の対象に ならない	所得の生ずる場所 （外国） ・利子 ・配当 ・貸付け ・譲渡 ・その他国外財産基因 軽減対象※

※ なお，上記の所得の場合であったとしても軽減の対象となるのは，①国外財産調書の提出がなされていること，及び②その内容に誤りがないことが必要とされていますので注意してください。

Question 22 軽減，加重の特例の適用対象となる国外財産調書提出の有無の判断時期

国外財産調書の提出の有無等によって過少申告加算税が軽減又は加重されるということはわかりましたが，提出等の有無はどのタイミングで判断されることになるのでしょうか？

A 所得税の場合であれば修正申告等の前年，相続税であれば原則として相続開始等の前年。

解　説

① 修正申告がある場合において，加算税が軽減又は加重される国外財産調書の提出又は請求の有無を判断するタイミングは，所得税の場合と相続税の場合で若干異なります（送金等法6③）。

② 例えば，所得税の修正申告等である場合であれば，その修正申告等に係る年分の国外財産調書では判断できないため，当該年分の前年分の国外財産調書の提出等がなされているか否かにより判断されます。

③ それに対して相続税に関する修正申告等である場合にあっては，提出すべき者が被相続人又は相続人のいずれであるかによって次のように取り扱うこととされています。

　① 提出義務者が被相続人であった場合…相続開始年の前年の国外財産調書
　② 提出義務者が相続人の場合……………相続開始年の翌年の国外財産調書

Question 23 提出期限後に提出された国外財産調書制度の取扱い

国外財産調書の提出が期限後となった場合はどうなるのでしょうか？

A

一定の要件を充足すれば期限内提出として扱われます。

解　説

1 国外財産調書の提出は，その年の12月31日現在における国外財産の合計額5,000万円超の保有者が翌年3月15日までに行うこととされています（送金等法5①）。

2 ただし，国外財産調書が提出期限後に提出された場合であっても，それが修正申告等とともになされ，かつ，その調書の提出が，当該国外財産調書に係る国外財産に係る所得税又は相続税について更正又は決定があるべきことを予知してなされたものでないときは，当該国外財産調書は提出期限内になされたものとみなされます（送金等法6④）。

第3章　国外財産調書の提出促進策

| Question 24 | 延滞税の控除期間等との関係 |

国外財産調書の提出があるか否かで過少申告加算税，不納付加算税の税率が増減するというのはわかりましたが，延滞税についてはどうなるのでしょうか？

A あります。

解説

❶ 過少申告加算税及び無申告加算税は，申告納税方式による国税について法定申告期限までに適正な申告がなされない場合又は申告がない場合に課される加算税です（通則法65，66）。

❷ それに対し延滞税は，納税者が納付すべき国税を法定納期限までに納付しない場合，期限内に納付した者との間のバランスを確保し，あわせて国税の期限内納付を促進させる見地から，納付遅延に対して遅延利息に相当する分を徴収するという目的で設けられている制度です（通則法61）。

❸ しかし，法定申告期限からかなりの期間を経過して更正があった場合，納税者の責に帰すことのできない当局の処理遅れ等が原因であるにもかかわらず，あえて法定納期限までさかのぼって多額の延滞税負担を強いることは酷であることなどから，期限内申告書又は期限後申告書の提出後1年以上経過して修正申告の提出又は，更正があった場合には，申告書の提出後1年を経過する日の翌日から修正申告書提出日又は更正通知書発生日までの間は延滞税の計算期間から控除することとされています（通則法61①）。

具体的には次のようなイメージです。

【控除期間のある延滞税の計算に関するイメージ図（申告所得税の場合）】

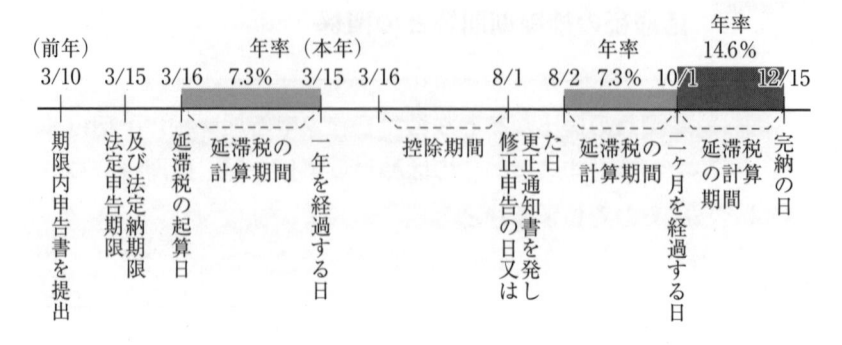

|（前年）| | |年率（本年）| | | |年率| |年率 14.6%| |
|3/10|3/15|3/16|7.3%|3/15|3/16| |8/1|8/2|7.3%|10/1|12/15|

- 3/10　期限内申告書を提出
- 3/15　法定申告期限及び法定納期限
- 3/16　延滞税の起算日
- 3/16～3/15　延滞税の計算期間
- 3/15　一年を経過する日
- 3/16～8/1　控除期間
- 8/1　更正通知書を発した日又は修正申告の日
- 8/2～10/1　延滞税の計算期間
- 10/1　二ヶ月を経過する日
- 10/1～12/15　延滞税の計算期間
- 12/15　完納の日

4 国外調書提出に関連する加算税については加重・軽減に関し特別の規定が設けられています（送金等法6①②）が、遅滞税について別途に扱う旨の規定は設けられていませんので、通常の場合と同様に控除期間の特例が認められます。

（注）ただし、修正申告書の提出又は更正があった場合でも、偽りその他不正の行為等に係る部分については控除期間はないこととされています（通則法61①柱書きのかっこ書き）。

第3章　国外財産調書の提出促進策

| Question 25 | 不提出・虚偽記載等に対する罰則 |

国外財産調書を提出しなかったり，虚偽記載をした場合はどうなるのでしょうか？

A 1年以下の懲役又は50万円以下の罰金。

解　説

1 国外財産調書の不提出又は虚偽記載等に対しては，1年以下の懲役若しくは50万円以下の罰金又はそれらの併科対象とされています（送金等法9，10①）。

(注)　この種の調書は一般に「法定調書」又は「情報申告書」と称されていますが，同様の制度は諸外国でも設けられており，その履行のための担保措置として義務違反に対してわが国と同様のペナルティ賦課制度が採用されています。

　　例えば，米国では，オフショアの預金口座残高が今年で1万ドル以上あれば，様式TDF90-22.1によりIRSへの報告が義務付けられています。

　　報告義務違反に対して10万ドル又は最高残高の50％相当額のペナルティが課されるほか，たとえ報告がなされていてもそれが金融機関から提供された情報（様式8938）と異なる場合にも，ペナルティが課されることとなっています。

2 ちなみに，罰則の適用対象とされているのは次のような事項です。

① 当該職員の質問に対する不答弁若しくは虚偽答弁又は検査の拒否，妨害，若しくは忌避（送金等法9三）

② 当該職員の物件の提示若しくは提出の要求に対する正当な理由のない拒否又は虚偽記載等の帳簿書類その他の物件の掲示若しくは提出（送金等法9四）

③ 国外財産調書の虚偽記載による提出（送金等法10①）

④ 正当な理由のない国外財産調書の提出期限内の不提出（送金等法10②本文）

しかし，義務違反に対し一律にこのような厳しい措置をとることは，場合によっては納税者に過大な負担を強いる結果になってしまう可能性もあります。

3　そこで，④の場合にはそれらの罰則を適用しないこととする措置も講じられています（同法10②）。

（注）　諸外国でも一定の合理的理由があればペナルティを課さないこととするなどの手当てが講じられています。

4　なお，**2**の罰則のうち③及び④については，平成27年1月1日以後に提出すべき国外財産調書に係る違反行為について適用されます（改正法附則1九，79）。この「国外財産調書の虚偽記載・不提出に対する罰則」の適用については，国外財産調書制度について十分な周知期間を確保し，本制度の円滑な導入に万全を期す観点から，施行を本制度の導入時期よりも1年後倒しすることとされたものです。

第4章

既存の制度等との関係

Question 26 財産債務明細書との関係（その1）

国外財産調書制度と財産債務明細書との関係はどのようになっているのでしょうか？

A
国外財産調書に記載した国外財産については，財産債務明細書への内容の記載は不要。

解説

❶「財産債務明細書」は，その年分の総所得金額及び山林所得金額の合計額が2,000万円を超える者がその年末（又は出国時等）において有する財産の種類，数量及び価額並びに債務の金額等について必要な事項を記載した明細書を，申告書の提出にあわせて所轄税務署長に提出するというものです（所法232，所規105）。

したがって，所得金額2,000万円以下の者には提出義務は課されていません。

❷ それに対し，「国外財産調書制度」にあっては，その者の所得金額の多寡にかかわらず，合計で5,000万円超の国外財産を有する者はすべて調書提出義務の対象とされています（送金等法5①）。

❸ このようなことから，「国外財産調書」を提出した場合にあっては，その調書に記載した国外財産について，所得税法の規定にかかわらず，「財産債務明細書」への内容の記載は要しないこととされています（同前5②）。

具体的には次のようなイメージです。

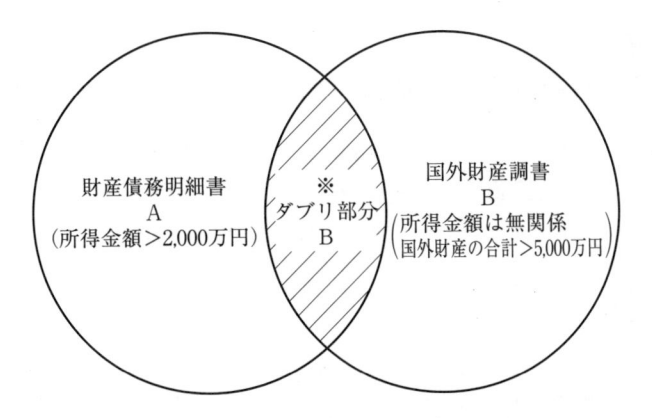

第4章　既存の制度等との関係

　財産債務明細書
　　　A
（所得金額＞2,000万円）

※
ダブリ部分
B

国外財産調書
　　B
（所得金額は無関係
　国外財産の合計＞5,000万円）

※　「財産債務明細書」と「国外財産調書」が重複する部分については「国外財産調書」を提出すれば「財産債務明細書」への「国外財産調書」の記載は不要となります。

Question 27　財産債務明細書との関係（その2）

　所得金額は2,000万円を超えているものの，国外財産を5,000万円以下しか所有していない場合，国外財産については報告しなくてもよいのでしょうか？

A　財産債務明細書への記載が必要です。

解　説

1 その年の12月31日に居住者が有する国外財産の価額の合計額が5,000万円以下である場合には，「国外財産調書」の提出は要しないこととされています（送金等法5①）。

2 しかし，その年分の総所得金額及び山林所得の金額の合計額が2,000万円を超える場合には，財産債務明細書にその年の12月31日における財産及び債務の金額について国内財産だけでなく5,000万円以下の国外財産についても税務署長への報告が必要とされています（所法232，所規105）。

　ちなみに，国外財産調書制度と財産債務明細書との関係は次のようになっています。

第4章 既存の制度等との関係

【国外財産調書制度と財産債務明細書の関係に関するイメージ図】

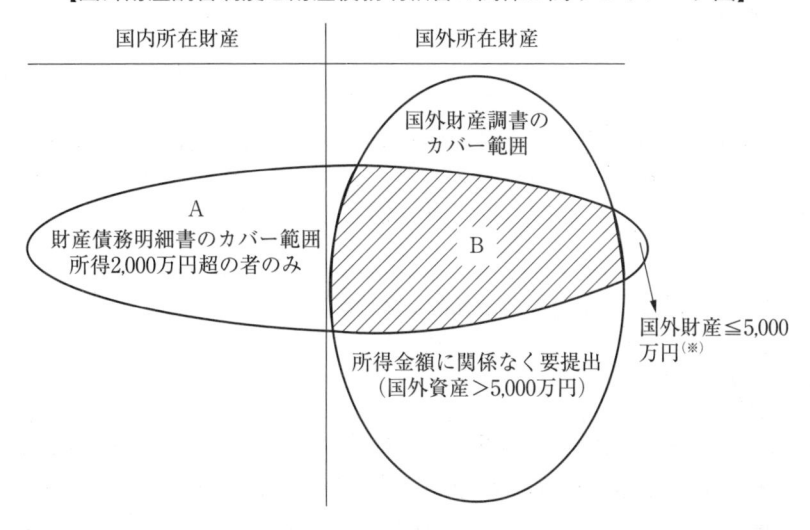

```
        国内所在財産      |      国外所在財産
                         |
                         |    国外財産調書の
                         |     カバー範囲
              A          |
     財産債務明細書のカバー範囲     B
       所得2,000万円超の者のみ
                         |              → 国外財産≦5,000
                         |                 万円(※)
                    所得金額に関係なく要提出
                    （国外資産＞5,000万円）
```

※ この部分については「国外財産調書」の提出は不要ですが、「財産債務明細書」への記載が必要となります。

Question 28　国外送金等調書との関係（その1）

> 国際的な取引等に関する資料として国外送金等調書がありますが，どの程度提出されているのでしょうか？

A　年間約500万枚で年々増加傾向にあります。

解　説

1　多額の国外への送金又は国外からの送金については，それらの中に課税漏れ等の資金が含まれている可能性もあることから，平成9年に「国外送金等調書制度」（平成9年法律第110号）が創設され，1回当たりの送金（又は受給）額200万円超の分について金融機関からそれらの調書が提出されるようになりました（送金等法4，同令8）。

　制度創設当初は年間100万枚程度でしたが，年々増加し，平成19年には約400万枚に達しています。

2　その後，平成21年4月から送金等の分の額が100万円超に引き下げられました（同前令8）。その結果，提出枚数は，制度導入時の1.5倍に達しています。

第4章 既存の制度等との関係

【国外送金等調書の提出枚数の推移】

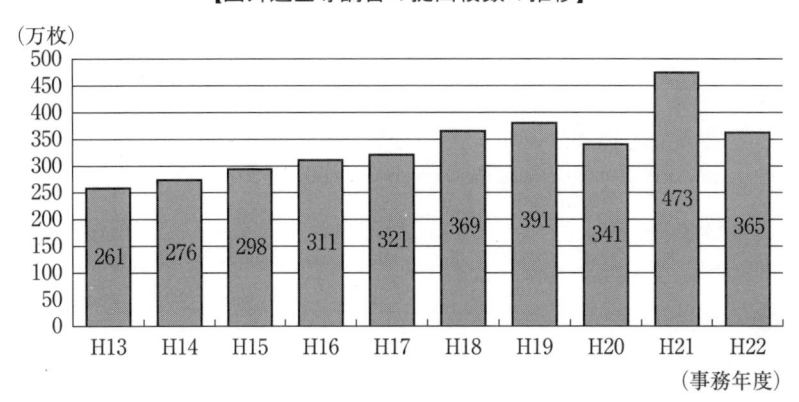

(万枚)
事務年度	H13	H14	H15	H16	H17	H18	H19	H20	H21	H22
枚数	261	276	298	311	321	369	391	341	473	365

(資料出所:「国税庁レポート2012」)

Question 29　国外送金等調書との関係（その2）

国外送金等調書があり，それが有効に機能しているのに，どうしてそれに加えて国外財産調書制度を創設する必要があるのでしょうか？

A 国外送金等調書はフローに関する資料であることから，ストックの資料も必要なためです。

解　説

1 国外送金等に関する情報はフローに関する情報であり，資産の状況等といったストックに関する情報は所得2,000万円超の者に課せられている「財産債務明細書」のみでした。

2 そこで，平成24年度の税制改正で「国外財産調書」制度が創設されることになったという次第です。

第4章 既存の制度等との関係

Question 30　国外財産調書制度と情報交換との関係

「国外財産調書制度」が適用されるようになると，国外所在財産に係る「外国税務当局との情報交換」は不要になるのでしょうか？

A　重要性がより高まります。

解説

① 「国外財産調書制度」が施行されるようになれば，課税庁側としては，従来情報交換ルートでしか入手できなかったような資料情報についても入手できるようになります。

② この点だけをみれば，少なくともこの分野については情報交換の重要性はうすれたような印象を受けることももっともです。

③ しかし，「国外財産調書制度」が施行になったとしても，申告されないもの等がすべてなくなるわけではありません。

④ その意味でいえば，情報交換は，「より悪質な未報告事案」を「あぶりだす」という意味で，件数的には少なくなるかもしれません。しかし，的をしぼった形で，さらにその重要性が増してくるものと思われます。

Question 31 徴収共助条約との関係（その1）

わが国は，2010年に多国間執行共助条約に署名したと聞きましたが，それと国外財産調書制度とはどのような関連にあるのでしょうか？

A 直接の関連はありませんが，いずれも国際的な税務コンプライアンス向上策の一環です。

解説

1. わが国は，2010年に「税務行政執行共助条約」(注)に署名し，平成24年度の税制改正で，国内法の整備がなされました。

したがって，所得金額2,000万円以下の者には提出義務は課されていません。

2. 具体的には，次のような点です。

① 外国租税債権の優先権の否定

…通常の国内租税債権の場合，他の債権よりも優先することとされています（徴収法8）。

② 徴収共助等の要請に応じない事由等の明示

③ 徴収共助実施手続の具体化

(注) ちなみに，「徴収共助条約」とは，条約締結国の税務当局内で，①情報交換，②徴収共助，③文書送達共助に関して国際的な協力を行うための多国間条約です。また，「徴収共助」とは，租税債権の徴収において，各国の主権（執行管轄権）という制約があるなかで，各国の税務当局が互いに条約相手国の租税債権を相互に徴収していこうとする枠組みです。具体的には次のようなイメージです。

第4章 既存の制度等との関係

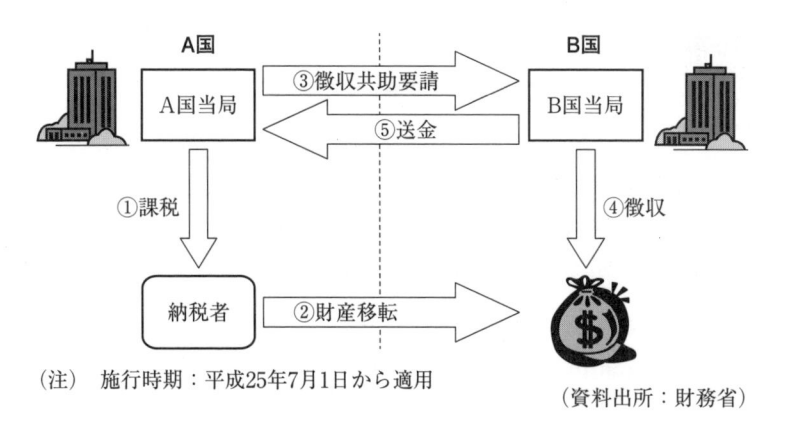

```
   A国              ③徴収共助要請      B国
  A国当局  ――――――――――――→  B国当局
          ←――――――――――――
               ⑤送金
    │                              │
    │①課税                         │④徴収
    ↓                              ↓
  納税者     ②財産移転              $
         ――――――――――→
```

（注）　施行時期：平成25年7月1日から適用

（資料出所：財務省）

Question 32 徴収共助条約との関係（その2）

納税者から国外所在財産に関する報告がなく，税務調査の結果それが明らかになった場合には過少申告加算税が加重されるとのことですが，国内に財産がなく国外財産だけの場合の納税確保策はどうするのでしょうか？

A 徴収共助条約により相手国に徴収依頼。

解　説

① 2011年11月わが国は，税務行政執行共助条約に署名しています。
（注）これを受けて平成24年度の税制改正でそれに伴う国内担保法の整備等がなされたことはご承知のとおりです。

② ちなみに，そこでは，外国租税についても自国の租税と同様に扱って徴収すること，要請に応じ財産の保全を行うこと等について規定されています。
（注）また，文書送達共助についても合意されています。
　　なお，わが国の場合，国税債権については「自力執行権」や「優先徴収権」が認められていますが，要請国等のなかにはその種の特別規定が存在していない国もあることから，平成24年度の改正でその調整が図られています。

③ したがって，納税者の有する国外財産から税の徴収が必要となった場合には，相手国に対し徴収の依頼をすることになります。

④ それを受けて，相手国の税務当局が貴方の財産に対し，その国の法令に従って滞納処分を行うということになります。

第4章 既存の制度等との関係

Question 33 番号制度（マイナンバー制度）との関係

国外財産調書制度と番号制度はどのような関係にあるのでしょうか？

A 直接の関係はありませんが，結果的には名寄せ・突合が容易になります。

解 説

1 社会保障と税の一体改革に関する議論の中で「番号制度」の導入についても議論がなされています。税務面における「番号制度」とは，国民一人一人に一つの番号を付与するとともに，

① 各種の取引に際して，納税者が取引の相手方に番号を「告知」すること

② 取引の相手方が税務当局に提出する資料情報（法定調書）及び納税者が税務当局に提出する納税申告書に番号を「記載」すること

を義務付ける仕組みです（財務省資料）。

2 この仕組みと国外財産調書制度は直接連動しているわけではありませんが，もし番号制度が導入されることになれば，税務当局が，納税申告書の情報と，取引の相手方から提出される資料情報や国外財産調書制度による情報，さらには情報交換によって得た情報を，その番号をキーとして集中的に名寄せ・突合（いわゆるマッチング）ができるようになりますので，納税者の所得や財産に関する情報をより的確に把握することが可能となります。

具体的には次のようなイメージです。

① 番号の付与

② 番号告知

② 現金支払等

② 番号告知

③ 法定調書の提出（番号記載）

③ 法定調書の提出（番号記載）

④ 納税申告書の提出（番号記載）

納税者

取引の相手方
・給与・年金等の支払者
・金融機関　等

国外財産調書

情報交換

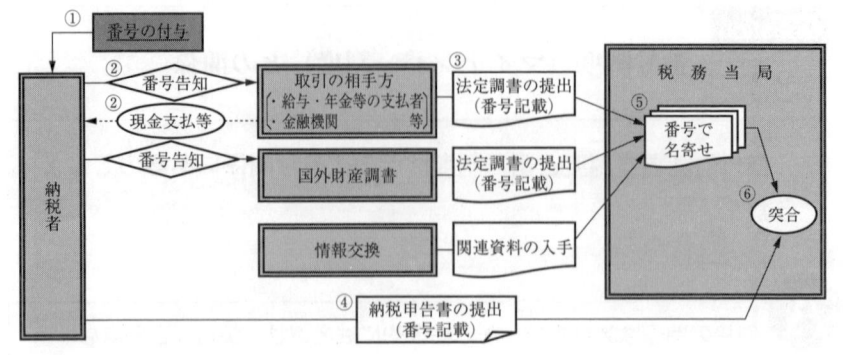

関連資料の入手

税務当局

⑤ 番号で名寄せ

⑥ 突合

（資料出所：財務省（一部修正））

Question 34　外国親会社から付与されたストック・オプションの権利行使等との関係

> 国外財産調書制度と外国親会社から付与されたストック・オプションの権利行使等に関する調書制度との関係はどのようになっているのでしょうか？（競合関係にはないのでしょうか？）

A 国外財産調書制度はストックに関する情報。他方，ストック・オプションの権利行使に関する調書制度はフローに関する情報で両者は相互補完の関係。

解　説

1 平成24年度の税制改正で，「国外財産調書制度」とともに，「外国親会社（内国法人の発行済株式等の50％以上を保有）から付与された株式等を取得する権利（いわゆるストック・オプション権）の行使等に関する調書制度」が創設されました（所法228の3の2）。

2 この制度が創設されることとなったのは，外国親会社から内国法人の従業員等に対して当該親会社の株式等が直接付与されたことによる所得の申告漏れが多数把握されたからです。そこで，外国法人の子会社である内国法人（又は日本支社）の従業員等が，その外国法人から付与された株式等を取得する権利の行使等により当該外国法人の株式等を取得したときは，当該内国法人（又は在日支店）の長に対し，当該株式等の種類その他一定の事項を記載した調書の提出を義務付けることとされたものです。

（注）　この改正は平成25年1月1日以後に提出すべき調書について適用されます（附則56）。

　具体的には次のようなイメージになります。

【外国親会社等から付与された株式等を取得する権利の行使等に関する調書制度に関するイメージ図】

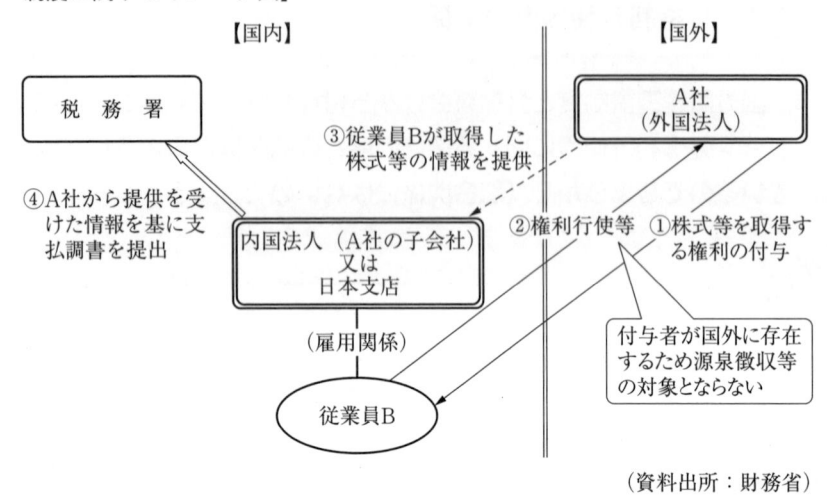

【国内】　　　　　　　　　【国外】

税務署

A社（外国法人）

③従業員Bが取得した株式等の情報を提供

④A社から提供を受けた情報を基に支払調書を提出

内国法人（A社の子会社）又は日本支店

②権利行使等　①株式等を取得する権利の付与

付与者が国外に存在するため源泉徴収等の対象とならない

（雇用関係）

従業員B

（資料出所：財務省）

3 この制度は、ストック・オプション権の権利行使という事態に着目したフロー面からの資料情報の収集です。

それに対し、「国外財産調書制度」は、一定時点における国外財産の状況を把握するというストック面からのアプローチです。その意味で、両者は競合関係ではなく、相互補完の関係にあります。

第4章　既存の制度等との関係

Question 35　所得税における海外取引調査

国税庁では海外取引等を利用した課税のがれの摘発に力を入れていると聞きましたが，実績はどうなっているのでしょうか？

> **A** 年間3,700件程度を調査。1件当たりの申告漏れ金額は約1,543万円で，他に比べて約1.8倍。

解説

① 国税庁では，いわゆる「富裕層」への対応，「無申告者」への対応と並んで，「海外取引を行っている者等への調査」を最重点項目のひとつに挙げています。

② その結果，平成22事務年度（平成22年7月～平成23年6月）においては，3,272件を調査し，トータルで575億円の申告漏れを発見しています。また，1件当たりの申告漏れは1,543万円で同事務年度における実地調査全体の平均額の約1.8倍となっています（国税庁記者発表資料）。

(注)　ちなみに，富裕層への調査は4,793件で1件当たりの申告漏れは1,043万円（平均の1.4倍），無申告者への調査では10,233件で1件当たりの申告漏れ金額は1,494万円（平均の1.7倍）となっています。

③ このような結果を踏まえ，国税庁では「国境を越えた事業・投資活動の活発化に伴い，海外取引を行っている納税者や海外資産を保有している納税者を重点的に調査し，国外送金等調書や租税条約などに基づく情報交換制度を効果的に活用するなどして，深度ある調査に取り組んでいます。」としています（国税庁レポート2012）。

〔参考〕海外取引を行っている者の調査状況

1 調査状況（取引区分別）

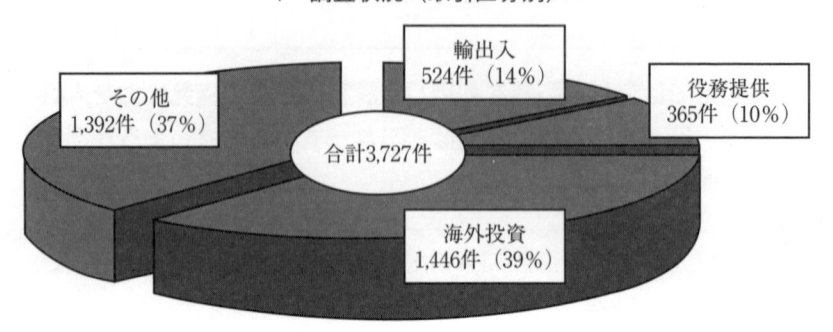

- 輸出入 524件（14％）
- 役務提供 365件（10％）
- 海外投資 1,446件（39％）
- その他 1,392件（37％）
- 合計 3,727件

（注）（ ）内の数値は構成比

(参　考)

① 輸出入…事業に係る売上及び原価に係る取引で，海外の輸出（入）業者との契約による取引をいう。

② 役務提供…工事請負，プログラム設計など海外において行う，労力，技術等の第三者に対するサービスの提供をいう。

③ 海外投資…海外の不動産，証券などに対する投資（預貯金等の海外での蓄財を含む。）をいう。

④ その他…海外で支払いを受ける給与など，1～3に該当しない取引等をいう。

2 1件当たりの申告漏れ所得金額（取引区分別）

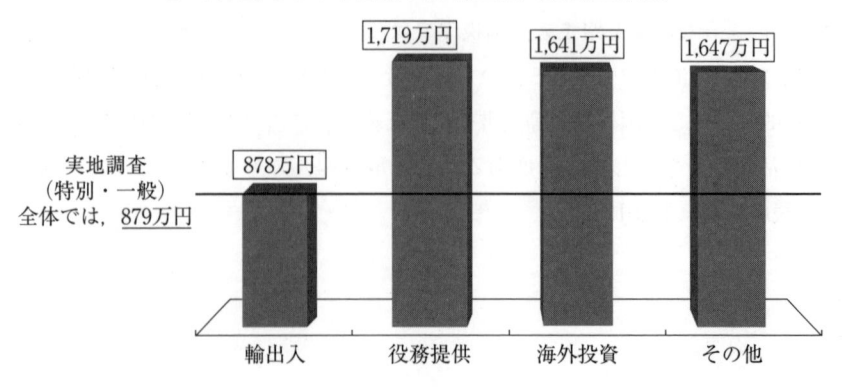

実地調査（特別・一般）全体では，879万円

- 輸出入　878万円
- 役務提供　1,719万円
- 海外投資　1,641万円
- その他　1,647万円

第4章　既存の制度等との関係

○　経済社会の国際化に適切に対応していくため，有効な資料情報の収集に努めるとともに，海外取引を行っている者や海外資産を保有している者などに対して，国外送金等調書や租税条約に基づく情報交換制度などを効果的に活用し，積極的に調査に取り組んでいます。
○　海外取引を行っている者に対する実地調査（特別・一般）の調査件数は，484件（前事務年度499件）となっています。
○　1件当たりの申告漏れ所得金額は，1,511万円（前事務年度1,308万円）となっており，実地調査（特別・一般）全体の申告漏れ所得金額963万円（前事務年度906万円）の約1.6倍となっています。

　　　また，申告漏れ所得金額の総額は73億円（前事務年度65億円）に上ります。
（資料出所：http://www.nta.go.jp/kantoshinetsu/kohyo/press/data/h23/shotoku_shohi/04.htm）

Question 36　相続税における海外資産等に係る調査

相続税分野における海外資産関連事案に係る調査事績はどのようになっているのでしょうか？

A
平成22事務年度で116件を調査。1件当たり5,047万円の申告漏れを把握。

解　説

1 相続税の発生は，その年の死亡者数，財産の状況等によって変動していますが，最近では人口の高齢化に伴い死亡者数は増加しているものの，地価低落の影響等もあり減少傾向にあります（**参考1**参照）。

（参考1）　相続税の課税状況の推移

区分 年分	死亡者数・課税件数等				課税価格		相続税額		
	死亡者数 (a)	課税件数 (b)	(b)／(a)	被相続人1人当たり法定相続人数	合計額 (c)	被相続人1人当たり金額	納付税額 (d)	被相続人1人当たり金額	(d)／(c)
	人	件	％	人	億円	万円	億円	万円	％
昭和58	740,038	39,534	5.3	4.1	50,021	12,653	7,153	1,809	14.3
62（課税件数が最も多かった年）	751,172	59,008	7.9	3.93	82,509	13,982.6	14,343	2,430.7	17.4
3	829,797	56,554	6.8	3.81	178,417	31,548.0	39,651	7,011.2	22.2
4（バブル期）	856,643	54,449	6.4	3.85	188,201	34,564.7	34,099	6,262.5	18.1
10	936,484	49,526	5.3	3.61	132,468	26,747.1	16,826	3,397.4	12.7
15	1,014,951	44,438	4.4	3.40	103,582	23,309.4	11,263	2,534.6	10.9
20	1,142,407	48,016	4.2	3.17	107,482	22,384.7	12,517	2,606.8	11.6
21	1,141,865	46,439	4.1	3.13	101,230	21,798.6	11,632	2,504.7	11.5

（資料出所：財務省ホームページ）

第4章　既存の制度等との関係

2 しかし，納税者の資産運用は多様化してきており，特に最近では海外への投資も数多く行われています。このような納税者の資産運用の国際化に対応し，相続税の適正課税を実現するため，国税庁では相続税調査の実施に当たっては，海外資産の把握に力を入れています。特に，資料情報や相続人・被相続人の居住形態等から海外資産の相続が想定される事案については積極的に調査を実施するとともに，調査の過程において海外資産の取得が把握された場合にも，深度ある調査によってその解明に努めるべきであるとしています（国税庁レポート2011年…**参考2**参照）。

（参考2）　海外資産関連事案に係る相続税調査事績

項目	事務年度	平成21事務年度		平成22事務年度	対前事務年度比
①	実地調査件数		件 531	件 695	% 130.9
②	海外資産に係る申告漏れ等の非違件数	426	件 85	549 　　件 116	128.9 　　% 136.5
③	海外資産に係る重加算税賦課件数	76	件 9	81 　　件 17	106.6 　　% 188.9
④	海外資産に係る申告漏れ課税価格	319	億円 91	267 　　億円 59	83.7 　　% 64.6
⑤	④のうち重加算税賦課対象	65	億 33	45 　　億 18	70.0 　　% 54.5
⑥	非違1件当たりの申告漏れ課税価格（④/②）	7,477	万円 10.661	4,856 　　万円 5.047	65.0 　　% 47.3

（注）　左肩数は，国内資産に係る非違も含めた計数を示す。

（資料出所：国税庁記者発表）

Question 37　法人税における海外取引調査の状況

海外取引は個人よりも法人においてより頻繁に行われていると思われますが，それらの調査結果はどのようになっているのでしょうか？

A 1.4万件を調査し，申告漏れ3,600件を発見。

解説

1 法人レベルにおける国際化は急速に進展しており，本邦金等が現地法人等の形で進出しているものだけで約1.8万社（平成23年3月末現在）となっています。

また，外国法人が支店・営業所等の形で日本に進出してきているものも約6,000件あります。

(注)　それ以外に日本に現地法人を設立して進出してきているものも多数ありますが，それらは内国法人（外資系内国法人）なので，上記の数字には含まれません。
　　なお，海外取引を行っている法人は，これらの法人のみに限らず，内国法人も多数含まれています。

2 海外取引を行っている法人に対する調査は，毎年の重要課題とされています。ちなみに，平成22事務年度（平成22年7月～平成23年6月）における海外取引調査に係る調査件数は1.38万件，うち3,578件に海外取引に係る申告漏れがみつかっています。

また，国税庁の記者発表資料（平成23年10月）によれば，海外取引等に関する調査等の状況は次のようになっています。

第4章　既存の制度等との関係

【海外取引等に係る調査等の状況（法人税）】

(1) 海外取引等に係る調査の状況

項目	事務年度		21		22	
			件数等	前年対比	件数等	前年対比
調査件数	1	件	13,145	91.9	13,804	105.0
申告漏れ件数	2	件	3,256	98.8	3,578	109.9
同上のうち不正計算のあった件数	3	件	573	93.9	622	108.6
申告漏れ所得金額	4	億円	8,014	366.4	2,423	30.2
同上のうち不正脱漏所得金額	5	億円	270	113.4	286	105.9

(注)　上記の数字は次の(2)及び(3)を含んだ数字となっています。

(2) 外国子会社合算税制（タックス・ヘイブン対策税制）

項目	事務年度		21		22	
			件数等	前年対比	件数等	前年対比
申告漏れ件数	1	件	112	116.7	122	108.9
申告漏れ所得金額	2	億円	246	195.2	128	52.0

(3) 移転価格税制に係る調査の状況

項目	事務年度		21		22	
			件数等	前年対比	件数等	前年対比
申告漏れ件数	1	件	100	74.6	146	146.0
申告漏れ所得金額	2	億円	687	240.2	698	101.6

❸「国外財産調書」の提出は個人（居住者）に限られているため，法人の海外取引調査自体がこの制度と直接関係しているというわけではありません。しかし，米国などでは法人との取引を利用した財産の国外移転等も問題視されています。したがって，わが国においても，所得税や相続税における海外取引調査にあたっては，このような観点も踏まえた上でなされることになるものと思われます。

Question 38　国税当局による資料情報収集状況

国税当局における資料情報の収集状況はどのようになっているのでしょうか？

A 法定資料で3.3億枚，その他で9,000万枚を収集。

解　説

1 国税庁では，給与や報酬の支払等に係る源泉徴収票などのようないわゆる法定調書（法定資料）だけでなく，調査などの際に把握した簿外取引や偽装取引に関する情報など，様々な資料情報の収集を行っており，その総数は法定資料だけで年間約3.3億枚，その他の資料（約9,000万枚）を合わせますと約4.2億枚となっています。

2 特に，最近では経済取引の国際化等に対応した新たな資料情報の収集に力を入れているようで，海外投資に関する情報，インターネットを利用した電子商取引などの資料情報の収集を積極的に行うとしています（「国税庁レポート2012年」より）。ちなみに，資料情報の収集枚数の推移は次にみるように近年急速に拡大してきています。

第4章　既存の制度等との関係

●資料情報の収集枚数

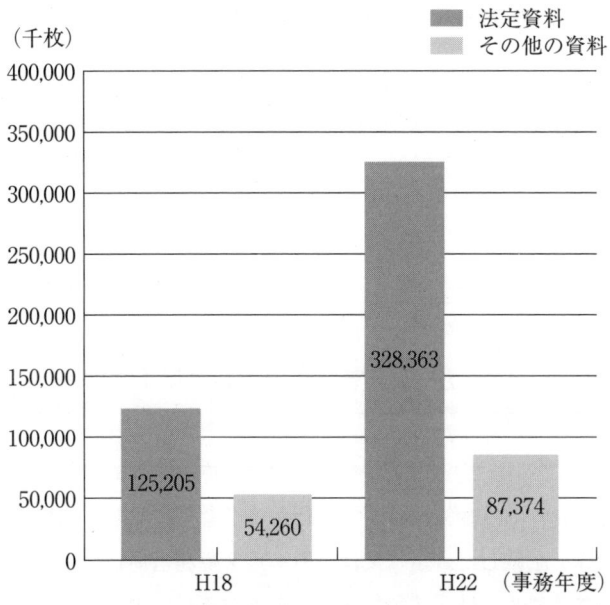

（千枚）

	法定資料
	その他の資料

- H18：法定資料 125,205／その他の資料 54,260
- H22：法定資料 328,363／その他の資料 87,374

（事務年度）

（資料出所：「国税庁レポート2012年」より）

Question 39　法定資料とそれ以外の資料

税務当局が収集している資料情報には，法定資料とそれ以外の資料とがあるようですが，両者はどのような点に差があるのでしょうか？

A 金銭の支払を行う第三者等に税務当局への資料提出が法律により義務付けられているものが「法定資料」。それ以外が「その他の資料」。

解説

■1　「法定資料」とは，金銭等の支払を行う第三者等に対し，法律で，取引内容や支払金額等を記載した書類（又はデータ）を税務当局に提出することを義務付けている資料です。例えば国外送金調書等がそれに当たります。

■2　それに対し，税務当局が税務調査等の過程で「自ら収集した資料」や「マスコミ報道等から得られた資料等」については法律で提出が義務付けられた資料ではありません。そこで，これらの資料については，法定化されていない資料（いわゆる「法定外資料」）として区分されています。

| Question 40 | 主要国における資料情報制度の概要 |

　主要国における資料情報制度はどのようになっているのでしょうか？

A 　国によって差はあるが，海外資産についてはほとんどの国で制度化。

解　説

❶ 税務における資料情報のあり方については，それぞれの国の税制等をも関連してくるので必ずしも一律というわけではありません。

　例えば，わが国では預金利子については源泉分離課税となっていることから支払調書等の作成はなされていませんが，ほとんどの国では，預金利子等の支払調書が法定資料となっています。

（注）　わが国でも非居住者分については支払調書が作成されています。

❷ また，ストックの資産のうち，海外資産については，アメリカやイギリス，フランスなどほとんどの国で法定化されています。

（注）　なお，オーストラリアでは，税務上の義務とはされていませんが，マネーロンダリング対策として設けられている報告制度の資料を税務当局が利用できるような仕組みとなっています。

❸ ちなみに，財務省ホームページによれば，主要国における法定資料の概要は次のようになっています。

【主要国における法定資料制度の概要（個人）】

		日本	アメリカ	イギリス	オーストラリア	フランス
フロー	金融所得					
	・利子	×（源泉分離課税）	○	○	○	○
	・配当	○	○	○	○	○
	・株式譲渡	○	○	○	○	○
	事業所得	×	×	×	×	×
	給与所得	○	○	○	○	○
	不動産譲渡	○	○	○	×	○
	国内送金，預金の入出金	×	○	×	×	×
	海外送金	○	○	×	×	×（但し，記録保存義務あり）
ストック	金融資産					
	・預貯金口座開設	×（但し，記録保存義務あり）	×	×	○	○
	・株式保有	×	×	○	×	×
	不動産	×	×	×	×	×
	貴金属	×	×	×	×	×
	海外資産	×	○	○	×	○

（資料出所：財務省）

第4章　既存の制度等との関係

| Question 41 | 法定資料の存在していない国における資料情報の収集 |

　世界の中には，法定資料が存在していない国があるのでしょうか？
　また，そのような国の場合，税務当局はどのような形で資料収集を行っているのでしょうか？

A ドイツ。ただし，関係者等に対し税務当局への情報提供を義務化。

解　説

① 例えばドイツです。同国では，わが国や米国におけるような法律による資料情報制度は存在していません。その点で同国の制度はかなりユニークなものとなっています。

② ただし，それに代わるものとして，「取引関係者に対する税務当局への情報提供義務」，「官庁間の相互協力義務」，「裁判所及び連邦・自治体の諸官庁に対する課税情報の税務当局への通知義務」等が課されています。

③ その意味でいえば，これらの制度が実質上法定資料制度と同様の機能を果たす結果となっています。

第5章

要報告資産

Question 42　要報告財産

国外財産調書制度により報告が必要となる財産はどのようなものなのでしょうか？

A 資産の種類に関係なく，その年の12月31日において価額の合計額が5,000万円を超える国外財産。

解　説

1 国外財産調書制度の創設に伴い税務署に国外財産調書の提出が必要とされるのは，預金，有価証券，不動産等で，その年の12月31日においてその価額の合計額が5,000万円を超える国外財産です（送金等法5）。

2 そして，これらの国外財産を有する者は，財務省令で定めるところにより，その氏名及び住所又は居所並びに当該財産の種類，数量及び価額その他必要な事項を記載した調書（「国外財産調書」）をその年の翌年3月15日までに所轄税務署長あてに提出しなければならないこととされています（同前5①）。

第5章 要報告資産

Question 43 スイスの番号口座（Numbers Account）

　私は，10年ほど前に死亡した父からスイスの番号口座を引き継ぎました。
　相続税の申告はしていませんが，除斥期間も経過していることから，改めて申告することができないでいます。今般国外財産調書制度が創設されたことから，その分についても報告の対象に含めようと思っていますが，どのようにすればよいのでしょうか？

A 要報告。

解説

1 マネーロンダリング規制の高まりから，最近では，氏名を明らかにしない番号口座のような種類の預金口座を開設することはかなり難しくなってきています。

2 貴方の場合，本来であれば相続時に番号口座の残高を確認のうえ申告する必要があったわけです。しかし，除斥期間経過後とのことですので，その分については改めて申告，納付の必要はありません。

3 ところで，国外財産調書制度については，毎年の報告が義務付けられており，しかも，不提出又は虚偽記載については懲役刑を含む厳しい処分が予定されています。したがって，貴方のように，たとえ相続財産として申告していなかった国外財産についても，残高を確認の上ぜひ国外財産調書を提出されるようおすすめします。

（注）　通常の預金と異なり，番号口座（Numbers Account）は金額も大きいことが通例ですので，残高を確認するまでもなく報告の対象になると思われますが，念のため残高を確認して下さい。

(参考) 相続税の更正等に係る排斥期間と国外財産調書制度との関係

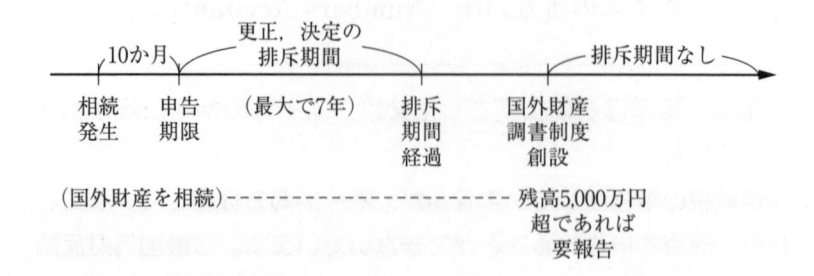

```
            10か月   更正，決定の
           ╱───╲   排斥期間
        ────┼───┼─╱─────╲──────┼──────┼─排斥期間なし─→
           相続  申告  (最大で7年)  排斥    国外財産
           発生  期限            期間    調書制度
                                経過    創設

         (国外財産を相続)--------------------- 残高5,000万円
                                           超であれば
                                           要報告
```

Question 44 特定海外金銭信託（Fiduciary Account）

私は，海外のプライベート銀行にフィデューシャリー預金（Fiduciary Account）と称する預金を保有しています。この種の預金は保有名義人が銀行自身になっていますので，たとえ残高が5,000万円超であったとしても報告の対象にはならないと考えていますが間違いありませんか？

A その年の12月31日における残高が5,000万円超であれば要報告。

解説

1 海外のプライベートバンクでは，顧客の資金を信託の形で預かり，それを自己（銀行）の名義で他の銀行に預金したり貸付けをしたりしてその運用益を顧客に分配する元本保証型のいわゆる特定金銭信託を販売しているところが少なくありません。

2 この種の信託は信託預金（Fiduciary Account）と称されています。この種の預金口座は，名義上はプライベートバンクのものとなっていますが，受益者はあくまで顧客である貴方です。

3 したがって，国外財産調書制度の下においては，その残高が5,000万円超の場合，報告が必要となりますので注意して下さい。

Question 45 資産と負債が両建てになっている場合

私は海外に不動産を所有していますが、購入に際し多額の借入れを行い、現在もそれが残っています。このような場合でも報告が必要になるのでしょうか？

ちなみに、不動産の購入価格は約1億円で、現在8,000万円の借金が残っています。

A 要報告。

解説

1. 「国外財産調書」制度では、国外にある資産の総額に着目した制度設計がなされています。

2. したがって、例えば貴方のように、純資産の金額でみれば5,000万円以下（1億円－8,000万円＝2,000万円）であったとしても、総額ベースで5,000万円を超えている場合には報告が必要になります。

第5章　要報告資産

（参考）　借入金がある場合の資産評価のイメージ

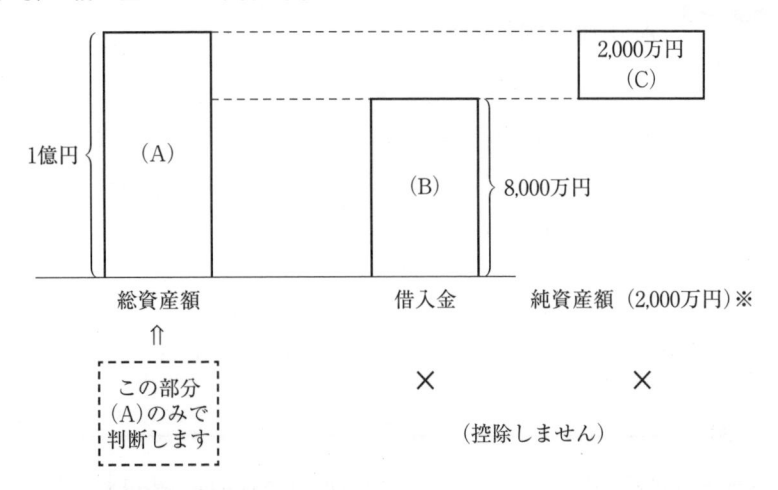

```
                              2,000万円
                                (C)

1億円 {  (A)
                  (B)   } 8,000万円

      総資産額      借入金    純資産額（2,000万円）※
         ↑
   ┌──────┐
   │この部分│      ×         ×
   │(A)のみで│
   │判断します│      （控除しません）
   └──────┘
```

※　この事例では，純資産額は2,000万円ですが，(A)部分のみで判定しますので調書の提出が必要になります。

-79-

Question 46 未分割の国外財産

相続（又は包括遺贈）で取得した財産のうち，未分割となっている国外財産がある場合における国外財産調書提出の要否はどのように判断すればよいのでしょうか？

A 法定相続分により相続したものとしてその価額を計算。

解説

1. 相続又は包括遺贈により取得した国外財産の全部又は一部が未分割である場合には，法定相続分の割合にしたがって当該国外財産を取得したものとしてその価額を計算することとされています（送金等令10⑤）。

2. したがって，相続（又は包括遺贈）により取得した国外財産に係る法定相続分が5,000万円を超えている場合には，たとえそれらの資産が未分割であったとしても国外財産調書の提出が必要となりますので注意して下さい（送金等法5①）。

Question 47　国外不動産の共同所有（合有）

米国などでは，不動産についていわゆる合有形態による所有が一般的ですが，そのような所有形態の場合における，国外財産調書の提出はどのようにすればよいのでしょうか？

A
資金提供者名。

解　説

❶ 米国では，不動産の所有形態として，単独所有だけでなく次のような共同所有形態が認められています。
① 合有（Joint Tenant（Tenancy））（IRC2040）
② 夫婦合有（Tenancy in Entirety）（IRC2040, 2523, 2523(1)）
③ 共有（Tenants in Common）

❷ このうち③については日本の共有とほぼ同じですが，①②についても，合有という形態になっていますが，各合有権者は他の合有権者の同意を得ることなくその所有権を他に売却することができるだけでなく，所有者の一人が死亡した場合には，裁判所による推認手続（Probate）をした場合には，その財産の所有名義を他方に移すことが可能だという点(注)にあります。

（注）ただし，相続があった場合には，その分について連邦遺産税での課税対象となります。

❸ このようなことから，例えば夫が不動産の購入資金を手当てし，その資金でこの種の所有形態により不動産を購入した場合には，その時点で原則としてみなし贈与が発生しますので，まずその申告が必要になります。その上で，各人の持分相当額が5,000万円を超えていれば調書の提出が必要になります。

❹ また，それらの国外財産について贈与税の申告をしていなかった場合には，

単なる名義借りとなると思われますので，購入資金の手当てをした者の国外財産として報告が必要になると思われます。

5　なお，それらについて相続が発生した場合にも，相続財産として取り込んだ上で申告が必要になると思われます。

（参考）　国外不動産の共同所有に関するイメージ

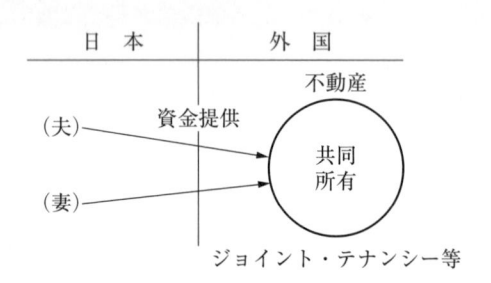

```
          日　本  ｜  外　国
                 ｜   不動産
          資金提供｜
  (夫)──────→  ┌───┐
                 ｜  │共同│
  (妻)──────→  │所有│
                 ｜  └───┘
                 ｜ ジョイント・テナンシー等
```

> 　米国への不動産投資において夫婦合有よりもジョイント・テナンシー形態が好まれるのは，遺言検認なしに配偶者等との所有者名義移転が可能なためです。夫婦合有制（Tenancy by Entirety）でも同様の効果は得られますが，所有が夫婦のみに限定されています。それに対し，ジョイント・テナンシーでは親子での所有も可能になっているなど，その制限がゆるくなっているためだといわれています。

Question 48　夫の預金から海外送金をし，ジョイント・テナンシーで不動産を購入した場合

　私たちはハワイにジョイント・テナンシー形態により不動産を所有しています。
　その原資は夫の預金口座から送金しました。
　したがって，妻である私は資金を出していませんので，たとえその不動産の価格が1.5億円だったとしても国外財産調書の提出は必要ないと考えてよいでしょうか？

A 契約内容等にもよるが原則要提出。

解説

1. 夫婦間で金銭の授受があれば，原則として贈与税の課税問題が発生します。

2. 貴方の場合，夫の口座から送金の上，ジョイント・テナンシーにより不動産を購入されたとのことですので，もし金銭消費貸借契約書等がなければ，不動産の2分の1相当額はあなたのものになりますので，その時点で贈与税が課税されます。

3. また，ジョイント・テナンシーの持分は特約がない限り，2分の1相当分の7,500万円は貴方のものとなりますので，国外財産調書の提出が必要になります。

（注）　夫が死亡して相続が発生した場合には当該不動産価格の2分の1相当分が相続税の課税財産となります。

4. それに対し，貴方の持分は名義上のものに過ぎないということであれば，夫の方で1.5億円の国外財産として調書提出が必要になります。

（注）　その場合には夫が死亡された場合，米国で遺産税がかかりますし，日本ではその金額（1.5億円）が相続税の課税財産となります。

(参考) 本件に係る税務問題

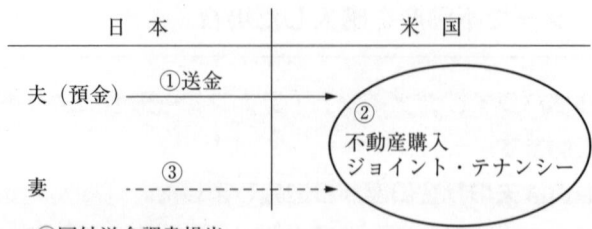

```
         日  本        │      米  国
    ─────────────────┼─────────────────
                      │
    夫（預金）─①送金──┼──→  ╭──────────╮
                      │     │    ②      │
                      │     │ 不動産購入 │
                      │     │ ジョイント・テナンシー │
    妻      ─────③─ ─┼─ ─→ ╰──────────╯
                      │
```

①国外送金調書提出
②贈与税課税（原則）
③国外財産調書提出（原則：夫，妻の双方）

第5章　要報告資産

Question 49　海外のジョイント・アカウント（Joint Account）

外国の金融機関では，預金口座開設に当たり，複数の者がそれらの預金の出し入れについて権限を有する制度（Joint Account）が比較的多く存在しています。
このような預金口座に関する報告は誰の名前ですることになるのでしょうか？

A

資金提供者（預金者本人）。

解説

① おっしゃるように，外国の金融機関の預金口座のなかには，預金者本人だけでなくその配偶者などにも預金の引出し等の権限を与えている制度（ジョイント・アカウント制度）が存在しています。

② このような預金口座については，サイン権を有する者の共有とみることが可能です。

③ その場合であれば，当該口座の2分の1相当額が配偶者への贈与となり，口座開設時に贈与税が課されることになります。その上で2分の1相当額が5,000万円を超えていれば，国外財産として調書提出が必要になります。

④ それに対し，口座開設時には預金口座の資金提供した者（一般的には預金者本人）の持物であり，別なサイン権者がそれを引き出したときに贈与があったとみることも可能です。

⑤ そのような場合であれば，当該口座開設時又はその後において資金を提供した者の国外財産として国外財産調書の提出をすることになると思われます。

Question 50　LLCを通じた外国の土地所有

　私は，ハワイにマンションを所有していますが，名義上は法人のものとなっています。ちなみに，LLCの出資金は4,000万円で出資者は私一人です。今回，LLC名義で借入金を6,000万円した上で1億円の物件を購入しました。
　このような場合でも国外財産調書の提出が必要になるのでしょうか？
　また，同じことをパートナーシップを通じて行ったらどうなるのでしょうか？

A 要調書提出と考えるべきです。

解説

1　パートナーシップを通じた土地所有は，貴方自身が1億円の不動産を誰かと共有の形で所有しているのと同じですので，貴方の持分相当額が5,000万円を超えていれば調書提出が必要となります。

2　LLCを通じた所有の場合，LLC自体は法人格を有していますので，貴方の出資は4,000万円となり，海外財産はその分だけとなります。

3　しかし，借入れは法人名義ということですので，たとえLLCによる不動産所有の金額が1億円だったとしても報告不要ではないかとも考えられます。

4　税負担の軽減を伴うものではありませんので，この種の行為は直接的には租税回避行為には当たりませんが，LLCの構成員は貴方一人ということですし，LLC名義による借入れも貴方自身の返済能力を勘案した上ではじめて可能になったと考えられます。

5　したがって，そのような場合について法令上明確な規定はありませんが，

第5章　要報告資産

念のため調書提出をしておかれるようお勧めします。

Question 51 為替レートの変動による資産価額の増減と報告義務

私は数年前にハワイで不動産を購入しました。当時の円ドルレートは1ドル=120円で購入価格は50万ドルでしたので日本円にすると約6,000万円でした。

しかし，その後の円高で，最近の為替換算レート（1ドル=約80円）からしますと要報告の対象にはならないと思われます（現地での価格もそれほど大きな変動はないとのことです）。このような場合でも，購入価格が5,000万円を超えていれば調書の提出が必要となるのでしょうか。また，その逆の場合はどうなるのでしょうか？

A 価格変動がなかったという前提で考えれば提出不要（反対の場合には要提出）。

解 説

1 「国外財産調書」の対象となる要報告資産はその年の12月31日における資産総額5,000万円超となっています（送金等法5①）。

また，国外財産の邦貨への換算は，その時点（その年の12月31日）における為替換算レートによることとされています（送金等令10④）。

2 その結果，国外資産購入後に為替換算レートが大きく変動したような場合には，投資時（取得時）に5,000万円超だったとしても，その後における値下がりも円高の進行などにより結果的に5,000万円以下になってしまうことがあります。そのような場合には調書の提出は不要となります。

3 反対に，購入時（又は投資時）には5,000万円以下であったとしても，その後における値上がりや円安等によって，結果的にその年の12月31日における

財産の評価額が5,000万円超となっているような場合には国外財産調書の提出が必要になってきます。

Question 52 要報告資産の年度による変動

国外財産調書の提出はその年の12月31日における国外財産の価額5,000万円超になっていると聞きましたが、例えば国外財産が外国法人の公開株式で株価変動等があるため、年によって5,000万円を上回ったり下回ったりすることがあります。そのような場合はどうすればよいのでしょうか？

A その年の12月31日における評価額が5,000万円超の場合のみ要報告。

解説

1 「国外財産調書」の提出は、その年の12月31日現在における国外に保有する財産が5,000万円超の者のみに求められている制度です。

2 したがって、例えば外国公開株式などのように価格が変動し、かつ、為替換算レートの影響も受け、その年（12月31日）の価格が大幅に変動するようなものについては、その年の12月31日における邦貨換算価額が5,000万円を超える年についてのみ報告が必要となります。

（注） 外国子会社合算税制の適用対象か否かを判定するトリガー税率の場合も同様の事象が生じています。その場合も、年によってトリガー税率が発動になったりならなかったりします。

第6章

報告の対象となる財産の所在地

Question 53 | 動産，不動産

ハワイに不動産を有している知人のすすめもあり，このたび日本の不動産業者からハワイの不動産を購入しました。契約と代金の支払も日本だったのですが，日本で購入した場合と外国で購入した場合とで何か差が生じるのでしょうか？

A 所在地のみで判断（購入契約地，代金の支払地は問題とならない）。

解説

1 動産及び不動産又は不動産の上に存する権利については，それらの動産又は不動産の所在地が国内にあれば国内財産，国外にあれば国外財産となります（相法10①一）。

2 したがって，購入契約等がどこで行われようと購入資金の調達又は代金の支払がどのような形で行われようと関係なく，それらの財産の所在地が外国であれば国外財産となります。

(注) ただし，船舶又は航空機については登録をした機関の所在地によることとされています。なお，登録がなく，船籍等がない場合にはその所在地が国外にあれば国外財産となります（相基通10-1）。

具体的には次のようなイメージになります。

第6章　報告の対象となる財産の所在地

日　本	外　国
動産	
（所在地）	（所在地）
国内財産	国外財産
不動産	
（所在地）	（所在地）
国内財産	国外財産

| Question 54 | 鉱業権・漁業権等 |

鉱業権，漁業権等の所在地はどこになるのでしょうか？

A 鉱業権にあっては鉱区の所在地，漁業権にあっては漁場に最も近い沿岸地。

解　説

1 鉱業権，租鉱権，採石権にあっては，その鉱区又は採石場の所在地が国内にあれば国内財産，国外にあれば国外財産となります（相法10①二）。

2 また，漁業権又は入漁権については，漁場がどこにあるかではなく，最も近い沿岸の属する市町村又はこれに相当する行政区画の所在によることとなります（同前）。

具体的には次のようなイメージです。

	日　本	外　国
鉱業権等	鉱区	鉱区
	国内財産	国外財産
魚業権等	魚場に最も近い沿岸	魚場に最も近い沿岸
	国内財産	国外財産

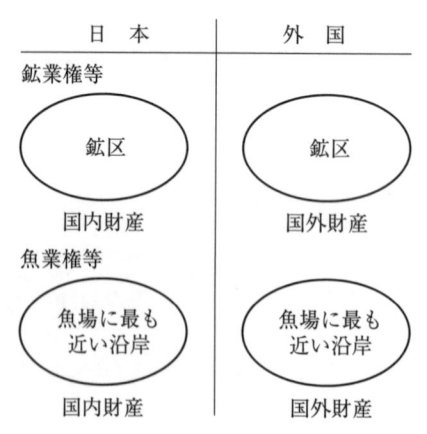

※　したがって，例えばアラスカ沖の漁業権は国外財産となる。

第6章 報告の対象となる財産の所在地

Question 55　預貯金等

金融機関に対する預貯金等の所在地はどのような基準で判断されるのでしょうか？

A その受入れをした営業所又は事業所の所在地。

解　説

1　金融機関に対する預金，貯金，積金又は寄託金等についてはその受入れをした営業所又は事業所の所在地が財産の所在地となります（相法10①四）。

2　したがって，国内で開設された口座はその内容の如何にかかわらず国内財産となります。

　他方，外国にある口座は国外財産となります。

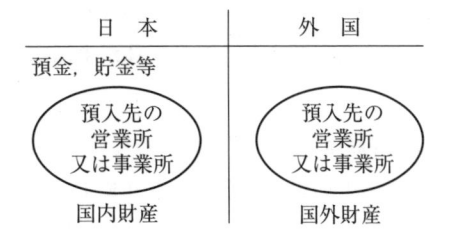

　具体的には次のようなイメージです。

日　本	外　国
預金，貯金等	
預入先の営業所又は事業所	預入先の営業所又は事業所
国内財産	国外財産

Question 56 米国で非課税とされている預金

私は本国の金融機関に預金口座を有していますが，それらの預金に係る利子については非課税（免税）となっています。このような場合であっても一定の要件に該当する場合には「国外財産調書」を提出しなければならないのでしょうか？

A 要提出。

解説

1 本国では，米国の金融機関に預金口座を有する非居住外国人が得る利子については所定の様式による申請書（W-8 BEN）を提出することにより，米国での源泉徴収の対象外とすることが認められています（IRC 3406, 6042, 6044, 6045, 6049条）。

2 しかし，これは非居住外国人が米国内で得る利子所得について米国で源泉徴収の対象にしないということであり，財産自体が米国内にあることは事実には変わりません。

3 したがって，他の国外財産とあわせたところでのその合計金額が5,000万円超であれば「国外財産調書」の提出が必要となります。

第6章　報告の対象となる財産の所在地

（参考）　預金利子等に対する非課税と国外財産との関係

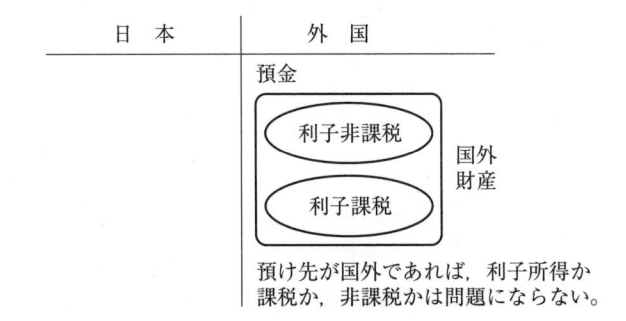

```
         日　本  ｜  外　国
                 ｜ 預金
                 ｜ ┌─────────────┐
                 ｜ │  ╭─────╮    │
                 ｜ │  │利子非課税│   │ 国外
                 ｜ │  ╰─────╯    │ 財産
                 ｜ │  ╭─────╮    │
                 ｜ │  │利子課税 │   │
                 ｜ │  ╰─────╯    │
                 ｜ └─────────────┘
                 ｜ 預け先が国外であれば，利子所得か
                 ｜ 課税か，非課税かは問題にならない。
```

Question 57　在日外銀支店口座への外貨預金

私は，先般外国銀行の日本支店で円貨を外貨に替え外貨預金としました。
預金先が日本国内の支店であっても，その資産が外貨であり，かつ，その残高が本邦通貨換算で5,000万円を超えていれば国外財産調書制度による報告義務が生じるのでしょうか？

A 生じません。

解説

1. 相続税法10条で規定する国外財産となる預金，貯金，積金又は寄託金等で国外財産となるのは，その受入れをした営業所又は事業所の所在地が外国にある場合に限定されています（相法10①四）。

2. 貴方の場合，外国銀行に預けた預金ではあるものの，預け先が日本支店とのことですので，営業所又は事業所は日本にあり，国外財産には該当しません。

3. したがって，預入先が国内である場合には，たとえ外貨での預金残高が5,000万円超であったとしても調書の提出は不要です。

（参考）　預金に係る国内財産と国外財産の区分

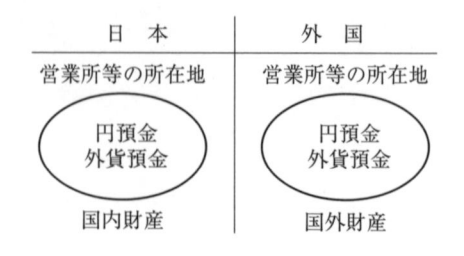

日　本	外　国
営業所等の所在地	営業所等の所在地
円預金 外貨預金	円預金 外貨預金
国内財産	国外財産

Question 58 在外支店への円建て預金

在外勤務時代又は海外旅行中に外国で日本の銀行の現地支店に預金口座を開設し，それが現在に至っていたような場合はどうなるのでしょうか？
外貨預金と円預金で何か差が生じますか？

A 外貨預金，円預金に関係なく，他の国外資産とあわせ5,000万円超であれば要報告。

解 説

1. 預金等の所在地は，その受入れをした営業所又は事業所の所在地とされています（相法10①三）ので，たとえ本邦の銀行であったとしても，また，その預金が円預金であったとしても，その受入れをした営業所又は事業所が国外であれば国外財産となります。

2. したがって，本件預金については，他の国外財産とあわせた金額が5,000万円超であれば国外財産調書の提出が必要となります。

Question 59 外国法人の株式，社債等

私は，先般外国法人の発行する株式と社債を証券会社の日本の窓口で購入しましたが，それらは国内財産になるのでしょうか？

A 国外財産になります。

解説

1 株式，社債，出資については，発行法人の本店又は主たる事務所の所在地が財産の所在地とされている（相法10①八）ため，外国法人の発行する株式，社債，出資等については，たとえその購入地が日本国内であったとしても，財産の所在地は国外ということになります。

2 したがって，貴方が購入した外国法人の発行に係る株式及び社債については国外財産となります。

第6章 報告の対象となる財産の所在地

Question 60 日本国内の土地等を保有している外国法人

私は，日本国内の土地を保有している外国法人の株式を保有しています。このような場合，土地の所在地は日本国内ということになりますので，たとえその価額が5,000万円超であったとしても国外財産調書の提出は不要と考えてよいのでしょうか？

A 外国法人の持分が5,000万円を超えていれば提出が必要になります。

解説

① 外国法人については，その財産の所在地はその株式を発行している法人の本店所在地ということになっています（相法10①八）。

② その結果，たとえその外国法人の所有している財産がすべて日本国内の財産だったとしても，その財産は国外財産となります。

③ したがって，貴方の場合，その外国法人の保有している土地等の価格を反映した貴方の株式の持分高が5,000万円を超えている場合には，国外財産調書の提出が必要となります。

具体的には，次のようなイメージです。

```
       日 本           外 国
                株式保有         ※
     ┌──────┐          ┌──────┐
     │ 居住者 │─────────→│外国法人│
     └──────┘          └──────┘
                              ╎
     ┌╌╌╌╌╌╌┐※              ╎
     ╎ 土地等 ╎╌╌╌╌╌╌╌╌╌╌╌╌╌╌╯
     └╌╌╌╌╌╌┘    保有
```

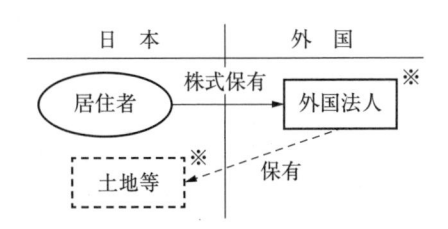

※ このような場合における財産の所在地は外国ということになります。

―101―

Question 61 外国法人に対する出資に係る権利

外国法人の発行する株式は国外財産になるとのことですが，株式に関する権利等についてはどうなるのでしょうか？

A 国外財産となります。

解 説

1. 前問でもみましたように，社債，株式，出資等については，その社債若しくは株式の発行法人の本店又は主たる事務所が財産の所在地とされています（相法10①八）。

したがって，外国法人の発行する株式を保有している場合，その株式は国外財産ということになります。

2. それに対し，いわゆる株式等に関する権利については法令上明確な定義は設けられていませんので解釈によることとなります。

3. ちなみに，通達（相基通10-5）では，それらの権利については「株式」に含め，同一の扱いをすることとしています。

（注）これは，出資に関する権利についても同様です。具体的には次のようなイメージになります。

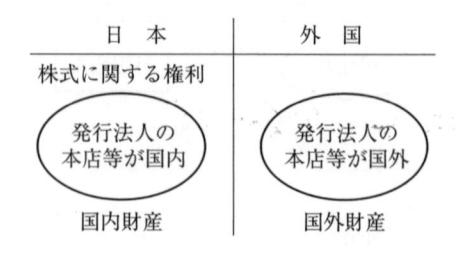

日 本	外 国
株式に関する権利	
発行法人の本店等が国内	発行法人の本店等が国外
国内財産	国外財産

Question 62 生命保険契約又は損害保険契約の保険金

生命保険契約又は損害保険契約の所在地はどのようになっているのでしょうか？

A その契約に係る保険会社等の本店又は主たる事務所。

解説

1 保険契約に係る保険金については，その契約に係る保険会社等の本店又は主たる事務所（それが日本国内にないときはそれらの事務を行う営業所，事業所等）が所在地とされています（相法10①五）。

2 また保険事故が発生する前の保険契約等の所在については法令上明らかではありませんが，上記に準じ，それらの保険契約に係る保険会社の本店又は主たる事務所にあるとされています（相基通10-2）。

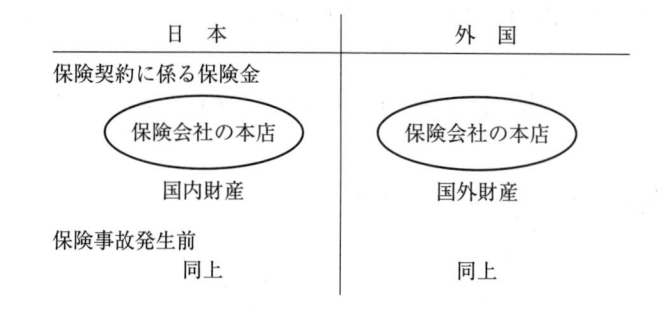

具体的には次のようなイメージです。

	日　本	外　国
保険契約に係る保険金	(保険会社の本店)	(保険会社の本店)
	国内財産	国外財産
保険事故発生前	同上	同上

Question 63 貸付金債権

貸付金債権の所在地はどこになるのでしょうか？

A 債務者の所在地。

解説

1 貸付金債権(注)の所在地は，その債務者の住所地又は本店若しくは主たる事務所の所在地によることとされています（相法①七）。

(注) ここでいう「貸付金債権」には，いわゆる融通手形による貸付金は含まれるものの，売掛金債権，いわゆる商業手形債権その他事業取引に関して発生した債権で短期間内（おおむね6月以内）に返済されるべき性質のものは含まれません（相基通10-3）。

2 なお，主たる債務者が2以上ある場合には，それらの債務者のうち日本国内に住所又は本店若しくは主たる事務所を有する者があるときはその者の住所地又は本店等の所在地によることとされています（相基通10-4で相令1の14を引用）。

したがって，その場合には全てが国内財産として取り扱われることになります。

具体的には次のようなイメージです。

第6章 報告の対象となる財産の所在地

	日 本	外 国
イ	貸付金債権	
	(債務者の住所又は本店所在地が国内)	(債務者の住所又は本店所在地が国外)
	国内財産	国外所在財産
ロ	貸付金債権の債務者が2以上ある場合	
	(主たる債務者の住所地等が国内)	(主たる債務者の住所地等が国外)
	国内財産	国外所在財産
ハ	主たる債務者が2以上ある場合	
	(債務者のうち誰かの住所地等が国内)	(債務者のすべての住所地等が国外)
	国内財産	国外財産

Question 64 退職手当等功労金等

外国子会社から功労金を受領することとなった場合，その財産（退職金受給権）は国外財産になるのでしょうか？ それとも国内財産になるのでしょうか？

A 国外財産になります。

解 説

1 所得税法上においては，退職金，功労金については国内勤務に係る分は国内源泉所得となり（所法161八イ）それ以外の部分は国外源泉所得となります。

2 しかし，相続税法においては，退職手当等，功労金その他これらに準ずる給与については，その給与を支払った者の住所又は本店若しくは主たる事務所の所在地となります（相法10①六）。

3 本件事例の場合，支払者は内国法人ではなく外国子会社ということになるので，財産の所在地は国外となります。

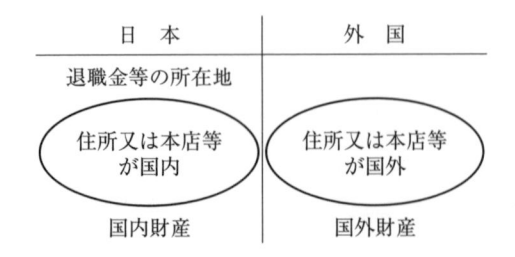

日 本	外 国
退職金等の所在地	
住所又は本店等が国内	住所又は本店等が国外
国内財産	国外財産

第6章 報告の対象となる財産の所在地

Question 65 集団投資信託，法人課税信託

集団投資信託又は法人課税信託に係る財産の所在地はどのように判定するのでしょうか？

A それらの信託の引受をした営業所の所在地。

解　説

集団投資信託又は法人課税信託に係る財産の所在地は，それらの信託の引受をした営業所の所在地によることとされています（相法10①九）。

したがって，引受者の営業所が国内にあれば国内財産，国外にあれば国外財産ということになります。

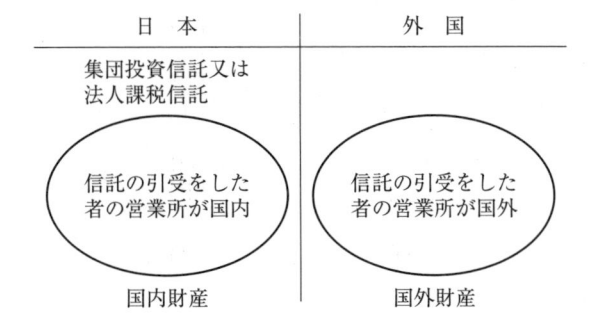

具体的には次のようなイメージです。

	日　本	外　国
集団投資信託又は法人課税信託	信託の引受をした者の営業所が国内	信託の引受をした者の営業所が国外
	国内財産	国外財産

Question 66　特許権，実用新案権等

特許権や実用新案権等の所在地の判定はどのように行うのでしょうか？

A その登録をした機関の所在によります。

解説

　特許権，実用新案権等，意匠権，商標権等といった財産の所在は，その開発地ではなく登録をした機関の所在によることとされています（相法10①十）。

　したがって，日本で開発されたものであったとしても，外国で登録されたものについては，国外財産となります。

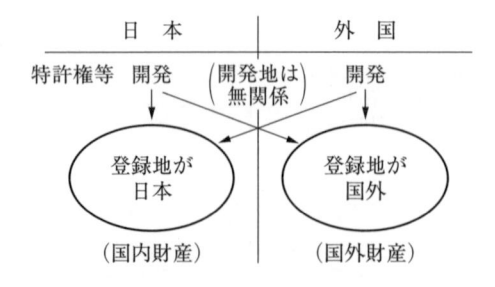

　具体的には次のようなイメージです。

```
         日 本      |      外 国
特許権等  開発  (開発地は    開発
          ↓    無関係)       ↓
       ┌─────┐           ┌─────┐
       │登録地が│           │登録地が│
       │ 日本  │           │ 国外  │
       └─────┘           └─────┘
       （国内財産）         （国外財産）
```

第6章　報告の対象となる財産の所在地

Question 67　著作権，出版権

著作権，出版権，著作隣接権等の財産の所在地はどのような基準で区分するのでしょうか？

A これを発行する営業所又は事業所の所在地で区分します。

解　説

著作権，出版権，著作隣接権等については，これを発行する営業所又は事業所の所在地か，これらの財産の所在地とされています。

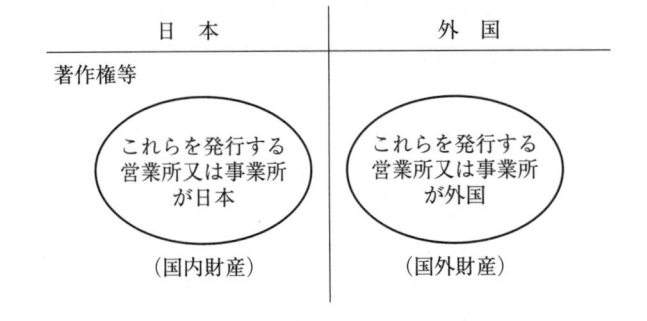

具体的には次のようなイメージです。

	日　本	外　国
著作権等	これらを発行する営業所又は事業所が日本 （国内財産）	これらを発行する営業所又は事業所が外国 （国外財産）

Question
68 みなし贈与課税

> 低額譲渡とされ，みなし贈与課税を受けた場合における財産の所在地はどのように考えるべきでしょうか？

A みなし贈与の基因となった財産の種類に応じ，所在を判定します。

解説

① 著しく低い価額の対価で財産の譲渡を受けた場合においては，当該財産の譲渡があった時において，当該財産の譲渡を受けた者が，当該対価と当該譲渡があった時における当該財産の時価との差額に相当する金額を当該財産を譲渡した者から贈与により取得したものとみなすこととされています（相法7）。

いわゆる「みなし贈与」です（遺贈の場合も同じ）。

② このような「みなし贈与」があった場合における贈与（又は遺贈）により取得したものとみなされる金銭の所在地については，そのみなされる基因となった財産の種類に応じ，所在を判定することとされています（相法10①十二）。

③ したがって，例えば国外にある不動産の取引（取得時4,000万円，時価9,000万円）についてみなし贈与課税が行われたとしますと，みなし贈与の基因となった財産は国外所在となりますので国外財産となり，受贈者側において国外財産調書の提出が必要になります。

| Question 69 | 売掛金，営業権等 |

これまでみてきた財産以外の財産で，営業上，事業上の権利の所在はどのように判定するのでしょうか？

A その営業所又は事業所の所在地がどこかにより判定します。

解　説

1 前問までにみてきた財産以外の財産で営業上，事業上の権利（例えば売掛金等のほか，営業権，電話加入権等）については，その営業所又は事業所の所在地がどこであるかにより国内財産か国外財産になるのかを判定することとしています（相法10①十三）。

2 したがって，例えば外国の営業所等を通じた売掛金であれば国外財産となります。

（参考）　営業上，事業上の権利の所在

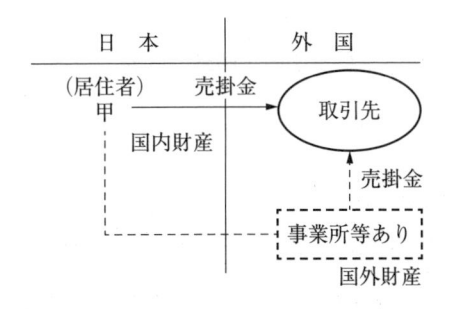

```
        日　本       ｜      外　国
 （居住者）   売掛金    ｜
    甲  ─────────→ （取引先）
          国内財産     ｜      ↑
                      ｜      ┊ 売掛金
                      ┊      ┊
                      └ ─ ─ ─ 事業所等あり
                              国外財産
```

－111－

Question 70　国債・地方債等

社債については発行法人の本店又は主たる事務所の所在地になるとのことですが，国債や地方債についての所在地はどのような基準により区分することになるのでしょうか？

A 発行体の所在地により区分します。

解　説

1 国債及び地方債については，発行体の所在地が財産の所在地となります（相法10②）。

2 すなわち，日本国債及び日本の地方公共団体が発行した地方債は，国内財産となります。

それに対し，外国又は外国の地方公共団体，その他これに準ずるものの発行する公債は，その発行体の所在する国に所在するものとなるので，国外財産となります。

（参考）　国債・地方債等に係る国内・国外の区分

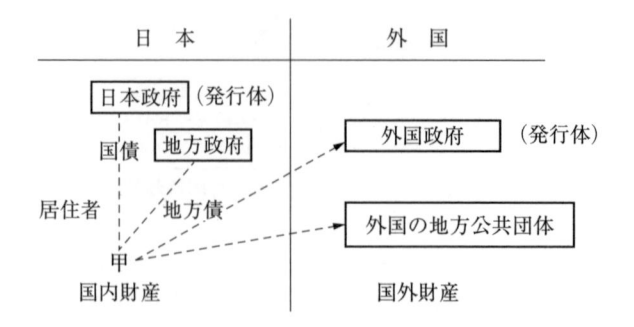

```
            日　本              │      外　国

      日本政府 (発行体)          │
  国債  ┌─────┐               │   ┌──────┐
        │地方政府│              ─┼──→│外国政府│ (発行体)
居住者  └─────┘               │   └──────┘
        ╲地方債╱                │   ┌──────────┐
         甲 ─────────────────┼──→│外国の地方公共団体│
                                │   └──────────┘
       国内財産                  │      国外財産
```

― 112 ―

第6章　報告の対象となる財産の所在地

Question 71　発行元国等で非課税とされている国債等

国によっては，国債や地方債のうちの一部について非課税としている場合がありますが，これらの財産についても5,000万円超の保有であれば報告する必要があるのでしょうか？

A 要報告。

解説

① 国によっては，例えば米国の長期国債や州政府の発行に係る一部の産業開発債（Industrial Revenue Bond）などのように，遺産税非課税としている場合があります。

② しかし，「国外財産調書制度」は，わが国の居住者が国外に保有している財産の把握を目的として導入された制度です。

③ したがって，国外で発行された国債や地方債などのように遺産税や相続税が非課税になっていたとしても，本制度はそれには関係なく，居住者による国外財産の保有金額5,000万円超であれば全て報告が必要となります。

Question 72 その他の財産

これまでにみてきた財産のいずれにも該当しない財産の所在地はどのようになるのでしょうか？

A その財産の権利者等であった被相続人・遺贈者又は贈与者の住所によります。

解説

わが国の相続税及び贈与税では納税義務者は相続人又は受贈者とされています（相法1の3，1の4）が，これまでにみてきた財産のいずれにも該当しない財産（いわゆる「その他の財産」）の所在については，当該財産の権利者であった被相続人又は贈与をした者の住所がどこであったかにより判定することとされています（相法10③）。

(参考) その他の財産の所在地

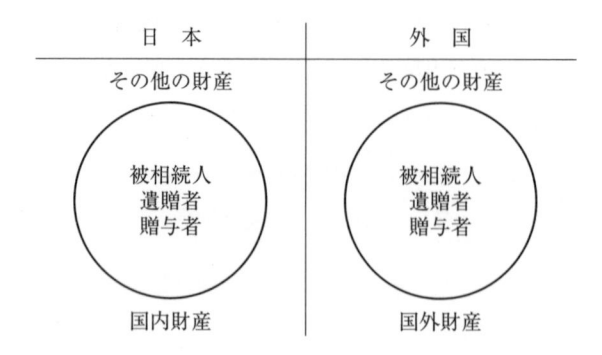

日　本	外　国
その他の財産	その他の財産
（被相続人／遺贈者／贈与者）	（被相続人／遺贈者／贈与者）
国内財産	国外財産

第6章　報告の対象となる財産の所在地

| Question 73 | 財産の所在の判定時期 |

相続又は贈与により取得した財産の評価はそれらの財産の取得時とされているようですが，国外財産調書制度における財産の所在の判定時期はいつになるのでしょうか？

A　その年の12月31日現在の現況によります。

解説

① 相続，遺贈又は贈与により取得した財産の価額は，相続税法で別段の定めがある場合（相法23～26及び7～9）を除き，当該財産の取得の時における時価により評価されることとされています（相法22）。

相続税，贈与税においては，これと同じ考え方が財産の所在についても採用されています。すなわち，財産の所在についての判定時期については，それらの財産を相続，遺贈又は贈与により取得した時の現況によることとされています（相法10④）。

② それに対し国外財産調書制度においては，その年の12月31日時点での財産の所在地によることとされています。

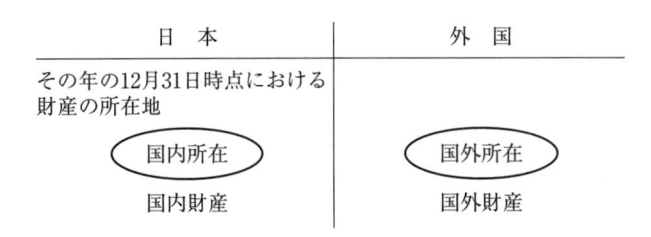

具体的には次のようなイメージです。

	日　本	外　国
その年の12月31日時点における財産の所在地	(国内所在)	(国外所在)
	国内財産	国外財産

第7章

国外財産の評価

Question 74　国外財産の評価

国外に保有する資産がトータルで5,000万円超の場合，その保有者である居住者は国外財産調書による報告が必要になるとのことですが，国外にある財産の評価はどのように行えばよいのでしょうか？

A　その年の12月31日における時価又は見積価額によります。

解　説

1　国外にある財産の評価については，その年の12月31日における「時価」又は「時価に準ずる見積価額」によることとされています（送金等法5③，同令10③，同規則12④）。

2　ちなみに，相続税，贈与税においては，国外財産の評価について法令に定めがない場合には財産評価基本通達で次のように評価することとされています。

第7章　国外財産の評価

> **（国外財産の評価）**
> 5-2　国外にある財産の価額についても，この通達に定める評価方法により評価することに留意します。
> 　なお，この通達の定めによって評価することができない財産については，この通達に定める評価方法に準じて，又は売買実例価額，精通者意見価格等を参酌して評価するものとします。（平12課評2-4外追加）
> （注）　この通達の定めによって評価することができない財産については，課税上弊害がない限り，その財産の取得価額を基にその財産が所在する地域若しくは国におけるその財産と同一種類の財産の一般的な価格動向に基づき時点修正して求めた価額又は課税時期(*)後にその財産を譲渡した場合における譲渡価額を基に課税時期現在の価額として算出した価額により評価することができます。

（*）ここでいう「課税時期」については「評価時期」と読み替えます。

❸　現在までのところ，個別の財産に係る具体的な評価方法等は明らかにされていませんが，近い将来通達等で公表されるものと思います。

❹　ただ，その場合であっても納税者の事務負担や既存の評価システム等の定着度から考えても，それらと大きく異なった評価方法にはならないと思われます。そこで，この章では基本的に現行の財産評価通達の考え方もあわせて示すこととします。

Question 75 「見積価額」の意義

国外財産の価額の評価方法として「時価」があるというのはわかりやすいのですが，もうひとつの評価方法である「見積価額」とは具体的にどのような評価方法をいうのでしょうか？

A 解説参照。

解 説

1. 「見積価額」としては，例えば固定資産税や財産税などの課税において，財産所在地国の公的機関によって示された価額や取得価額などをベースに必要に応じそれに時点修正を施した価額などが考えられます。

2. また，国外で事業等を営んでいる場合であれば，減価償却資産の償却後の数字等に基づく評価額などもそれに含まれます（送金等規則12④かっこ書き）。

3. なお，具体的な評価方法等については今後通達等において明らかにされていくことになると思います。

第7章 国外財産の評価

Question 76　国外に所有する不動産の評価

国外に所有する財産が土地建物等といった不動産である場合の評価はどのようにすればよいのでしょうか？

A 売買実例，精通者意見価格等を参酌して評価。

解　説

1 国外に所有する財産が土地建物等である場合，わが国の路線価等のようなものがないため，「時価」又は「見積価額」の算定には多くの困難が伴います。

2 そのような場合には，鑑定評価額や固定資産税評価額などを参考に評価することになると思われます。

これらについては，今後通達の形で公表されることになると思われます。

3 ちなみに，財産評価基本通達では売買実例価額，精通者意見価格等を参酌して評価することとしています（評基通5-2なお書き）。

4 なお財産評価基本通達では，課税上弊害がない限り，その財産の取得価額を基に，その財産が所在する地域若しくは国におけるその財産と同一種類の財産の一般的な価格動向に基づき時点修正をして求めた価額又は課税時期後にその財産を譲渡した場合における譲渡価額を基に課税時期現在の価額として算出した価額により評価することも認められています（同前　注書き）。

具体的には次のようなイメージです。

① 取得価額をベースに評価する場合

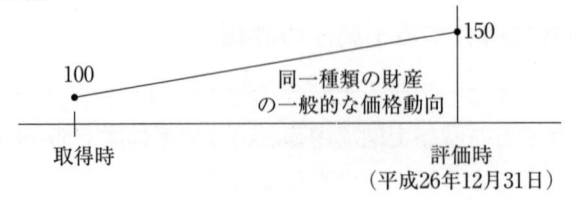

```
                                        ●150
                        同一種類の財産
        100             の一般的な価格動向
         ●
    ─────┼──────────────────────┼─────
       取得時                    評価時
                              （平成26年12月31日）
```

② 売却価額をベースに評価する場合

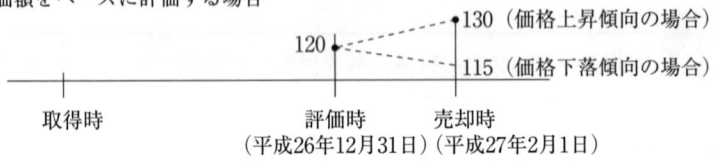

```
                                    ●130（価格上昇傾向の場合）
                        120 ●
                                    ●115（価格下落傾向の場合）
    ─────┼──────────────┼───────┼─────
       取得時           評価時      売却時
                  （平成26年12月31日）（平成27年2月1日）
```

第7章 国外財産の評価

Question 77 不動産等を共同で所有している場合の評価

不動産を共有している場合における5,000万円超か否かの計算はどのようにすればよいのでしょうか？

A 持分形態及び資金出所等により異なります。

解説

1 不動産を他の人と共同で所有する（Jointly Owned Property）とした場合，その所有形態は国によって異なります。

例えば，米国の場合であれば，州によっても異なるが連邦遺産税上問題と次のような形態です。

① 合有（Joint Tenancy）……IRC2040（a）

この所有形態は，2人以上の所有者による資産の所有形態であり，各所有者は持分権（Interegt）を有するため，遺産税の課税対象には含まれる（IRC2040（a））ものの，その処分は制限されており，所有者の死亡時には残りの者の所有となります。

② 夫婦合有（Tenancy by the Entirety）……IRC2040,2523（a）

夫婦による合有形態で，夫婦それぞれが分割不能の資産の各2分の1を有する（undivided half-interest），そして夫婦の一方が死亡したときには財産の全てが他方に行くこととされています。

③ 共有（Tenants in Common）

2人以上の者が，資産の持分を有し，その者が死亡してもその者の持分は他の者に移転せず，相続人等に引きつがれることとなっています。

④ 夫婦共有財産（Community Property）……IRC66号

アリゾナ州，カリフォルニア州，アイダホ州，ネバダ州で州内居住者に

のみ認められている夫婦共有財産制度

2 ただし，わが国の制度下においては，資金の出所等も問題とされます。

したがって，例えば資金の出所が夫であるのに，その資金によって取得した海外の財産が夫婦共有名義になっていたような場合には夫婦間の贈与の問題又は名義貸しの問題等が生じてくることになります。

3 また財産の評価にあたっても，それらの点を総合的に判断した上で行う必要があります。

(注) ちなみに，わが国では共有財産の持分については，共有財産の評価額をそれぞれの共有者の持分に応じ，按分した価額により評価，区分所有財産については，各部分の使用収益などの状況を勘案して計算した各部分に対応する金額により計算することとされています（相基通2-3）。

第7章 国外財産の評価

Question 78 上場株式の評価

国外に所有している上場株式についての評価はどうなるのでしょうか？

A 国内の上場株式の評価と同じです。

解 説

1 上場株式であれば，その市場が国内・国外であるにかかわらず，市場価格が存在しているはずです。

したがって，原則的には国内に所有する上場株式と同じ評価方法となると思われます。

(注) ちなみに，財産評価基本通達では，取引所の公表する課税時期の最終価格又は課税時期の属する月以前3か月間の最終価格の月平均額のうち最も低い価額となっています（評基通169(1)）。

2 なお，これについても通達で何らかの指針が示されることになると思います。

| Question 79 | 非上場株式の評価 |

所有する外国法人の株式等が非上場株式等であった場合，わが国の類似業種比準方式が適用できない場合等もありますが，そのような場合にはどうすればよいのでしょうか？

A 適宜の評価方式によることも可能。

解説

① 相続税，贈与税では，原則として財産評価基本通達（5-2）の定めるところにより評価することとされています。

（注） ちなみにそこでの原則的評価方式は次のようになっています。

評価方式 会社規模	原則的評価方式	特例的評価方式
大会社	類似業種比準方式（純資産価額方式との選択可）	配当還元方式
中会社	類似業種比準方式と純資産価額方式との併用方式 （類似業種比準価額について純資産価額を選択可）	
小会社	純資産価額方式（中会社と同じ併用方式を選択可）	

② しかし，外国の非上場株式のなかには，例えば業種が著しく異なるためわが国の類似業種が存在しないなどにより，このような評価方法による評価になじまないケースも少なくないと思われます。そのような場合には，取得価額等をベースに，時点修正等を行った評価額についても認められることになると思います。

③ なお，この点についても通達等で明らかにされるのではないかと思います。

第7章　国外財産の評価

Question 80　預貯金等の評価

国外財産たる預貯金の評価はどうなるのでしょうか？

A　原則として国内の預貯金と同じ，ただし邦貨換算が必要です。

解　説

❶　国外財産たる預貯金の評価も，基本的には国内財産のそれと同様になると思われます。

（注）　ちなみに，財産評価基本通達では預貯金の評価は次によることとされています（同通達203）。
　①　「預貯金の価額は，課税時期における預入高と同時期現在において解約するとした場合に既経過利子の額として支払を受けることができる金額から当該金額につき源泉徴収されるべき所得税の額に相当する金額を控除した金額との合計額によって評価する。」（同前本書き）
　②　「ただし，定期預金，定期郵便貯金及び定額郵便貯金以外の預貯金については，課税時期現在の既経過利子の額が少額なものに限り，同時期現在の預入高によって評価する。」（同前ただし書き）

❷　ただ，それらの財産は原則として現地通貨建てになっていると思いますので邦貨換算が必要となってきます。
　その場合の換算は，その年の12月31日における外国為替の売買相場により行うこととされています（送金等法5③，同令10④）。

❸　なお，具体的な換算方法等についても今後通達等で明らかにされていく見込みです。

Question 81 貸付金債権の評価

国外財産たる貸付金債権の評価はどのように行うのでしょうか？

A 原則として財産評価基本通達204に規定するところによることになると思われます。

解 説

① 貸付金債権に対する評価についても、財産評価基本通達に示されている考え方と別異の考え方を取る理由等はありませんので同通達の考え方が採用されることになると思います。

② ちなみに、同通達では、原則として次によることとされています（評基通204）。

「貸付金、売掛金、未収入金、預貯金以外の預け金、仮払金、その他これらに類するものの価額は、次に掲げる元本の価額と利息の価額との合計額によって評価する。

(1) 貸付金債権等の元本の価額は、その返済されるべき金額

(2) 貸付金債権等に係る利息の価額は、課税時期現在の既経過利息として支払を受けるべき金額」

③ なお、この評価によりがたい場合には、財産評価基本通達に準ずる方法又は精通者意見等により評価することとされています（同通達5-2後段）。

④ これらの点についても、後日通達等の形で明らかにされていくものと思われます。

Question 82 特許権等（無体財産権）の評価

国外財産である特許権等の評価はどうなるのでしょうか？

A 解説参照。

解　説

1 相続税，贈与税における特許権，実用新案権，商標権，著作権，営業権等のいわゆる無体財産権の評価は次によることとされています（評基通5-2前段及び140～166）。

【無体財産権の評価方法等の概要】

評価上の区分	評価方法	備考
1　特許権及びその実施権	イ　将来受ける補償金の額の基準年利率による複利現価の額の合計額 ロ　権利者が自ら特許発明をしている場合及びその実施権の価額は，営業権に含めて評価 ハ　補償金の額が50万円未満の特許権は評価しない	
2　実用新案権，意匠権及びそれらの実施権	特許権の評価に準じて評価	
3　商標権及びその使用権	特許権の評価に準じて評価	
4　著作権，出版権及び著作隣接権	イ　著作権 　　年平均印税収入の額×0.5 　　×評価倍率 ロ　出版権 　（イ）　出版業を営む者の有するもの　営業権に含めて評価 　（ロ）　その他の者の有するもの　評価しない ハ　著作隣接権 　　著作権の評価に準じて評価	著作者の別に一括して評価 年平均印税収入の額は，課税時期の属する年の前年以前3年間の年平均額 評価倍率は，精通者意見等を基として推算した印税収入期間に応ずる基準年利率に

			よる複利年金現価率
5	鉱業権及び租鉱権	イ 操業しているもの 　平均所得×可採年数に応ずる基準年利率による複利年金現価率 ロ 鉱業権の価額が，固定資産及び流動資産の合計額に満たない場合及び休業している鉱山等で近く所得を得る見込みのないもの 　固定資産及び流動資産の合計額 ハ 探鉱中のもの 　投下した費用現価×70％ ニ 租鉱権 　鉱業権の評価方式にある可採年数を租鉱権の存続年数に置き換えて準用して評価	鉱業権の存する鉱山の固定資産及び流動資産と一括して，鉱山ごとに評価
6	採石権	鉱業権の評価に準じて評価	
7	電話加入権	イ 取引相場のあるもの 　通常の取引価額 ロ イ以外のもの 　国税局長の定める標準価額 ハ 特殊番号のもの 　売買実例価額，精通者意見価格等を参酌して，増減した価額	
8	漁業権	営業権の価額に含めて評価	
9	営業権	イ 次のいずれか低い金額により評価 　（イ）超過利益金額×営業権の持続年数（原則10年）に応ずる基準年利率による複利年金現価率 　（ロ）前年の所得金額（著名なものは，その3倍） ロ 評価しない営業権 　（イ）超過利益金額が5万円未満の企業のもの 　（ロ）平均利益金額が200万円未満の企業のもの 　（ハ）開業後10年未満の企業のもの 　（ニ）医師，弁護士等事業者の死亡とともに消滅するもの	超過利益金額＝平均利益金額×0.5－企業者報酬の額－総資産価額×基準年利率

2 なお，この評価によりがたい場合には，この評価に準ずる方法等又は精通者意見等により評価することとなります（評基通5-2後段）。

3 後日公表される通達でも，基本的にこれと同じ考え方になるものと思われます。

Question 83 公社債の評価

外国の国債や社債を保有している場合，その評価はどのように行うことになるのでしょうか？

A 解説参照。

解 説

1 相続税，贈与税における公社債の価額は，銘柄の異なるごとに，次の区分に従い，券面額100円当たりの価額に公社債の券面額を100で除した数を乗じて計算した金額により評価することとされています（評基通197）。

① 利付公社債（同197-2）

・上場されているもの……最終値と平均値のいずれか低い金額

・それ以外　　　　　……発行価額と源泉所得税控除後の既経過利息の合計額

② 割引発行の公社債（同197-3）

①と同じ

③ 元利均等償還が行われる公社債（同197-4）

相続税法24条（定期金に関する権利の評価）1項1号の規定を準用して計算

④ 転換社債型新株予約権社付債（同197-5）

・上場されているもの……①と同じ

・それ以外　　　　　……①と同じ

…株式価額＞転換価額のとき，次の算式により計算した金額によって評価します。

転換社債の発行会社の株式の価額×100円／その転換社債の転換価格

第7章　国外財産の評価

2 これらについても，後日通達等でその評価方法等が明らかにされると思います。

| Question 84 | 訴訟中の権利の評価 |

> 不動産貸付金又は無体財産権等の所有等について争いとなり現に訴訟となっている場合の評価はどのようになるのでしょうか？

A 国内財産の場合と同じやり方で評価（評基通210）。

解説

1. 国内財産に係る訴訟中の権利の価額は，課税時期の現況により係争関係の真相を調査し，訴訟進行の状況をも参酌して原告と被告との主張を公平に判断して適正に評価することとされています（評基通210）。

2. 国外財産についてこれと別異に解する特段の理由もないので，同様の評価によることとなります。

3. これについての評価も後日通達等で明らかにされる予定ですが，基本的にはここで示された考え方と同じになると思われます。

第7章　国外財産の評価

| Question 85 | 評価した国外財産に係る邦貨換算 |

　国外所在財産の評価については，基本的に財産評価基本通達（5-2）によるということですが，邦貨への換算はどうするのでしょうか？

A　原則として，その年の年末のTTBにより換算することになります。

解　説

① 国外にある財産の邦貨換算については，その年の12月31日における外国為替の売買相場により行うこととされています（送金等法5③，送金等令10④）。

② 具体的なやり方等については現時点では明らかにされていませんが，基本的には，財産評価基本通達（4-3）に規定するところによることになると思います。

③ ちなみに，そこでは原則として対顧客直物電信買相場（TTB）によるとしています。

④ ちなみに，現在一般的に取引されている銀行の対顧客相場を米ドルを例にみてみますと次のようになっています。

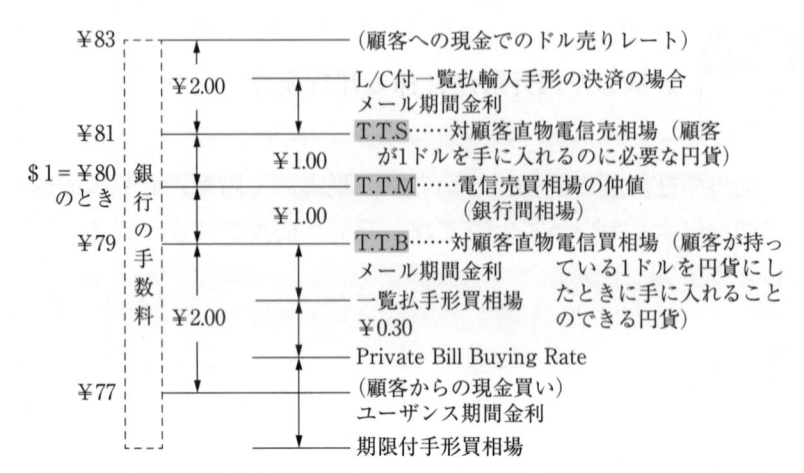

```
                                    （顧客への現金でのドル売りレート）
         ¥83 ─┬─┬──────────
              │ │   ↕¥2.00   ── L/C付一覧払輸入手形の決済の場合
         ¥81 ─┼─┤              メール期間金利
              │銀│   ↕¥1.00   ── T.T.S……対顧客直物電信売相場（顧客
$1=¥80        │行│              が1ドルを手に入れるのに必要な円貨）
   のとき      │の│   ↕¥1.00   ── T.T.M……電信売買相場の仲値
         ¥79 ─┼手├──────       （銀行間相場）
              │数│           ── T.T.B……対顧客直物電信買相場（顧客が持っ
              │料│              メール期間金利              ている1ドルを円貨にし
              │ │   ↕¥2.00   ── 一覧払手形買相場            たときに手に入れること
              │ │              ¥0.30                        のできる円貨）
              │ │           ── Private Bill Buying Rate
         ¥77 ─┴─┴──────        （顧客からの現金買い）
                               ユーザンス期間金利
                            ── 期限付手形買相場
```

※例えば，顧客が1ドルを現金で入手するためには，日本円で83円の支払が必要となるということです。それに対し，手持ちの1ドルを売って日本円を現金でもらおうとすれば77円しか手にできないということです。

第8章

情報交換

Question 86　国外財産調書の提出がない場合等における情報交換による補完

国外財産調書制度に従った報告がなされていない場合又はなされていてもその内容等に疑問がある場合，情報交換によってそれらの情報を補完することはあるのでしょうか？

もしあったとしたら，不提出，虚偽記載等として処罰の対象となるのでしょうか？

A 直結するわけではありませんが，可能性はあります。

解　説

1 「国外財産調書制度」は，情報交換制度によっては入手できないような情報についても納税者本人から直接税務当局に情報を提供してもらおうという趣旨で設けられた制度です。

したがって，国外財産調書の提出がないからといって，直ちに相手国に情報交換の依頼をするようなシステムにはなっていません。

2 しかし，国外に一定金額以上の資産がありながらそれを「国外財産調書制度」によって報告しておらず，相手国からの情報交換等によってわが国の当局がその内容を把握した場合には，不提出犯として処罰の対象になる可能性があります。

3 同様に，「国外財産調書」により自己が保有する国外財産について報告がなされていたとしても，それらの報告内容について当局が疑問を持った場合には，本人への確認に加え，当該財産の所在地国に情報交換依頼をする場合もあります。

そして，その結果，報告内容等が虚偽であることが判明すれば処罰の対象となる可能性もあります（送金等法10②）。

第8章　情報交換

Question 87　情報交換の種類

国外調書制度と並んで租税条約に規定する情報交換が重要だということはわかりましたが，租税条約に基づく情報交換にはどのような種類があるのでしょうか？

A　「要請に基づく情報交換」・「自発的情報交換」及び「自動的情報交換」の3つ。

解説

1　租税条約に基づく情報交換には，「要請に基づく情報交換」，「自発的情報交換」及び「自動的情報交換」の3つがあります。

2　このうち①「要請に基づく情報交換」とは，わが国の国税庁から相手国の税務当局に対し，又は反対に相手国の税務当局からわが国の国税庁に対してなされる「個別の情報交換の要請」です。

　また，②「自発的情報交換」とは，わが国の国税庁又は相手国の税務当局が税務調査の過程等で発見した資料情報等で相手国にとって課税上役に立つと思われるもので自発的に相手国に提供される情報です。

　最後の③「自動的情報交換」とは，非居住者に係る利子配当等の支払に関する情報等として自動的に相手国に提供される情報です。

Question 88 情報交換の現状

わが国が提供し，又はわが国が相手国から提供を受けている情報はどの程度あるのでしょうか？

A 解説参照。

解 説

国税庁の報道発表資料（平成23年11月）によれば，最近における情報交換の状況は次のようになっています。

① 要請に基づく情報交換

日本から外国への要請が約646件，外国から日本への要請が約84件で約7対1で日本からの要請が多い。

(注) それに対し，米国の場合はその比率が1対4.5となっており，外国からの要請が多くなっています。

② 自発的情報交換

日本から外国への提供が1,260件。

外国からの提供が35件で圧倒的に日本からの提供が多い。ここ数年同じ傾向。

③ 自動的情報交換

日本から外国への提供が166件。

外国からの提供が123件。

Question 89 要請に基づく情報交換の活用例

要請に基づく情報交換の推移はどのようになっているのか，また，それを利用して課税に結びついたような事例はあるのでしょうか？

A あります（具体的には解説参照）。

解説

① 国税庁の報道発表資料（平成23年11月）によれば，要請に基づく情報交換の件数は**グラフ1**のように，また要請先別の推移は**グラフ2**のようになっています。

② また，要請に基づく情報交換の成功例そして次のような事例が紹介されています。

【事例1】
　国内法人が，原材料の輸入価格（仕入額）を著しく高額に計上しており，不審であったことから，輸出元である外国法人の売上金額について，外国税務当局に情報交換要請を行った。

【事例2】
　国内居住者について，海外金融資産の運用益発生が見込まれるものの，利子所得等の申告がなかったことから，外国税務当局に情報交換要請を行い，海外金融口座の情報を入手した。

〔グラフ1　要請に基づく情報交換の推移〕

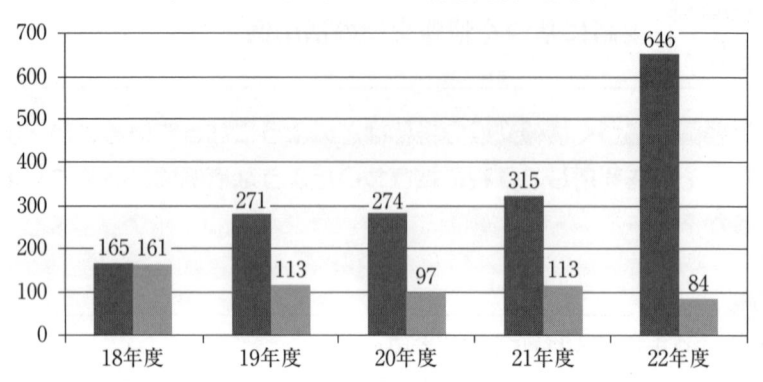

年度	国税庁から発した「要請に基づく情報交換」の要請件数	外国税務当局から寄せられた「要請に基づく情報交換」の要請件数
18年度	165	161
19年度	271	113
20年度	274	97
21年度	315	113
22年度	646	84

〔グラフ2　国税庁から外国税務当局に発した「要請に基づく情報交換」の地域別推移（平成18～22年度，単位：件）〕

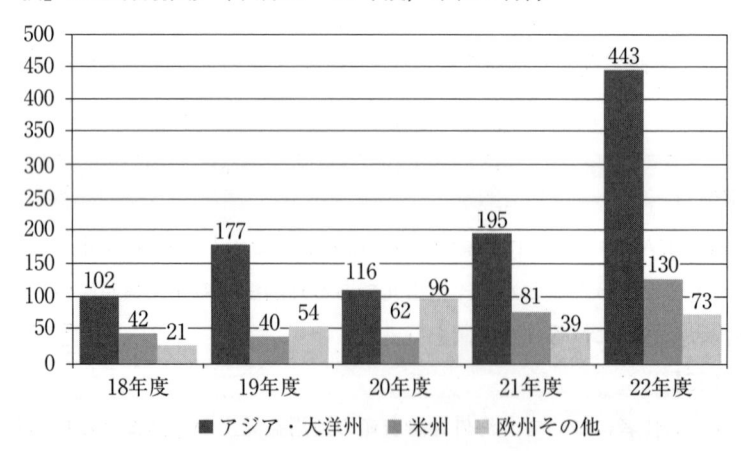

年度	アジア・大洋州	米州	欧州その他
18年度	102	42	21
19年度	177	40	54
20年度	116	62	96
21年度	195	81	39
22年度	443	130	73

第8章　情報交換

Question 90　自発的情報交換の活用例

自発的情報交換の推移はどのようになっているのか，また，それを活用した事例はあるのでしょうか？

A 解説参照。

解　説

1 自発的情報交換の推移については，国税庁記者発表による次の**グラフ3**を参照してください。

2 また，自発的情報交換の実施例として，国税庁報道発表資料では次のような事例が紹介されています。

・国内法人が，海外取引先に対する販売手数料の一部を，取引先代表者の個人預金口座に送金しており，海外取引先における申告漏れが想定されたことから，この事実を取引先の所在地国・地域の外国税務当局に自発的に情報提供した。

〔グラフ3 「自発的情報交換」の推移（平成18～22年度，単位：件）〕

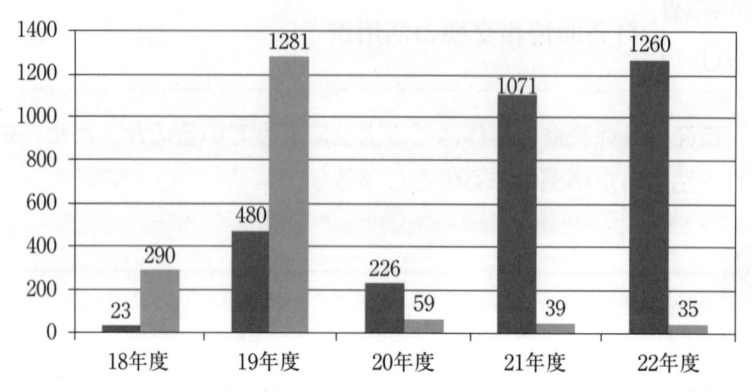

年度	国税庁から提供した「自発的情報交換」の件数	外国税務当局から提供された「自発的情報交換」の件数
18年度	23	290
19年度	480	1281
20年度	226	59
21年度	1071	39
22年度	1260	35

第8章　情報交換

Question 91　自動的情報交換の活用例

自動的情報交換についての推移はどのようになっているのでしょうか？
また，どのように活用されているのでしょうか？

A 解説参照。

解説

1. 自動的情報交換の推移については**グラフ4**参照。
2. また，その活用例として国税庁記者発表では次のような事例をあげています。
   ① 「自動的情報交換」は，法定調書等から把握した非居住者への利子・配当・使用料等の支払等に関する情報を，利子・配当等の支払国の税務当局から受領国の税務当局へ定期的に送付するものです。
   ② 国税庁では，外国税務当局から「自動的情報交換」により提供を受けた資料を申告内容と照合し，海外投資所得等について内容を確認する必要があると認められた者に対して税務調査を行うなど，効果的に活用しています（国税庁報道発表資料より）。

〔グラフ4 「自動的情報交換」の推移（平成18～22年度，単位：千件）〕

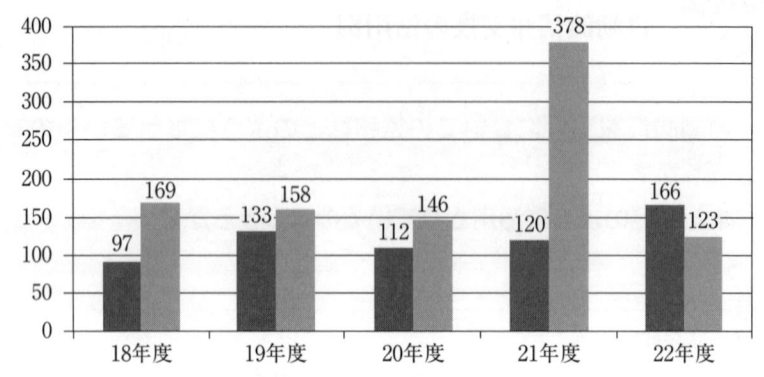

年度	国税庁から提供した「自動的情報交換」の件数	外国税務当局から提供された「自動的情報交換」の件数
18年度	97	169
19年度	133	158
20年度	112	146
21年度	120	378
22年度	166	123

第8章 情報交換

Question 92　効果的な情報交換に向けての当局の取組み

国税庁では情報交換による資料情報の入手に力を入れているということはわかりましたが，具体的にどのような活動を行っているのでしょうか？

A 外国税務当局との「情報交換ミーティング」等を通じ情報交換の充実に努力。

解　説

国税庁では，主として次の2つを通じ情報交換の効果的かつ効率的な実施に努力しています。

① 外国税務当局との「情報交換ミーティング」の実施

租税条約等に基づく情報交換は，通常，関係当局間での文書やデータの送交付により実施されていますが，複雑な取引に係る情報提供要請で文書等のやり取りのみでは外国税務当局の正確な理解を得ることが困難と見込まれる事案や，特に迅速な情報入手が必要な事案については，国税庁や国税局・税務署の職員が相手当局の担当者と直接面談し，事案の詳細や解明すべきポイント等について説明・意見交換を行う「情報交換ミーティング」を開催すること等により，情報交換の効果的かつ効率的な実施に努めています。

② 「国際タックスシェルター情報センター（JITSIC）」の活用

国際タックスシェルター情報センター（JITSIC）(注)のロンドン事務所・ワシントン事務所に派遣している職員を通じて，効果的・効率的な情報交換の実施や，課税上有益と認められる情報の収集に努めています。

(注)　国際タックスシェルター情報センター（Joint International Tax Shelter Information Center：JITSIC）は，日，米，英，加，豪，韓，中，仏，独の9ヵ国の税

務当局により設置されている組織で，ロンドン，ワシントンの両事務所に派遣された各国職員が，国際的租税回避スキーム及び富裕層に関連した情報交換要請への対応や調査手法等の知見の共有に取り組んでいます。

第8章　情報交換

Question 93　租税条約に基づく情報交換ネットワークの現状

租税条約に基づく情報交換が，国外財産調書制度と並んで在外財産の把握等に有効だということはわかりましたが，租税条約のネットワークはどの程度の国又は地域をカバーしているのでしょうか？

A　解説参照。

解　説

1 平成23年末現在で53の国との間で租税条約（適用対象国，地域は，旧ソ連等の分があるため64）が締結されています。

これらの条約によりわが国の主要な取引先のある国やタックス・ヘイブン国などのほとんどがカバーされています。

(注)　最近では，バミューダ（22年8月），香港（23年8月），バハマ（23年8月），サウジアラビア（23年9月），マン島（23年9月），及びケイマン諸島（23年11月）との租税条約や租税協定等，シンガポール（22年7月），及びマレーシア（22年12月）との租税協定の改正議定書が発効したほか，情報交換規定の新設を内容とするオランダ，スイス及びルクセンブルクとの租税条約の改正議定書も発効しています（いずれも23年12月1日発効）。

2 ちなみに，最近新たに締結された条約及び最近改定された条約等の内容をみてみると，情報交換に関する国際基準 (注) をふまえ，特に情報交換が重視されています。

(注)　情報交換に関する国際基準（主なポイント）
・金融機関が保有する情報についても情報交換を行う。
・自国に課税利益がない場合でも情報を収集し提供する。

-149-

ちなみにわが国の租税条約ネットワークは次のようになっています。

【わが国の租税条約ネットワーク】

我が国の租税条約ネットワーク

《53条約、64カ国・地域適用/平成23年11月17日現在》
(注1) 旧ソ連等との条約が継承されているため、53条約に対し、64カ国・地域適用となっている。
(注2) 「※」は、租税に関する情報交換規定を主体とするもの。

○ 租税条約の主な目的…二重課税の調整、脱税及び租税回避への対応、投資・経済交流の促進

欧州地域（16）
アイルランド　デンマーク
イギリス　　　ドイツ
イタリア　　　ノルウェー
オーストリア　フィンランド
オランダ　　　フランス
スイス　　　　ベルギー
スウェーデン　ルクセンブルク
スペイン　　　マン島（※）

東欧・旧ソ連（18）
アゼルバイジャン　キルギス　　　トルクメニスタン　モルドバ
アルメニア　　　　グルジア　　　ポーランド　　　　ルーマニア
ウクライナ　　　　スロバキア　　ハンガリー　　　　ロシア
ウズベキスタン　　タジキスタン　ブルガリア
カザフスタン　　　チェコ　　　　ベラルーシ

東・東南アジア（10）
インドネシア　フィリピン
韓国　　　　　ブルネイ
シンガポール　ベトナム
タイ　　　　　香港
中国　　　　　マレーシア

北米（2）
アメリカ
カナダ

中近東地域（4）
イスラエル
エジプト
サウジアラビア
トルコ
◇クウェート（現在未発効）

中南米・カリブ地域（5）
ブラジル
メキシコ
バハマ（※）
バミューダ（※）
ケイマン（※）

アフリカ地域（2）
ザンビア
南アフリカ

南アジア（4）
インド
スリランカ
パキスタン
バングラデシュ

大洋州地域（3）
オーストラリア
ニュージーランド
フィジー

（資料出所：財務省）

第8章　情報交換

Question 94　タックス・ヘイブン国等との間の情報交換条約

わが国では，最近香港やケイマン・バーミューダなどこれまでタックス・ヘイブンとされていた国や地域との間で情報交換条約を相次いで締結しているようですがこのような動きは世界的な潮流になっているのでしょうか？

また，これらについて途上国等ではどのような取組みがなされているのでしょうか？

A　世界的潮流，国連モデル条約でも新基準設立。

解　説

① 国際的な脱税等に対する関心の高まりをふまえ，G20やロンドンサミット等で，それへの対処の必要性について言及されました。

それらをふまえ，OECDでは97カ国が参加した税務長官会合でタックス・ヘイブン国との間の情報交換の重要性について全会一致でその促進に向けての合意がなされました。

また，国連でも，2008年10月に情報交換についてより高度な基準を設ける者の合意がなされています。

② その結果，G20参加国における情報交換条約（TIEA）又は二重課税回避のための租税条約（DTC）の締結件数は次にみるように急速に増加してきています。

③ 最近におけるわが国の情報交換条約の矢次ぎばやな締結も，このような国際的な潮流をふまえてなされています。

(参考)　G20参加国における情報交換条約（TIEA）及び租税条約（DTC）の締結状況の推移

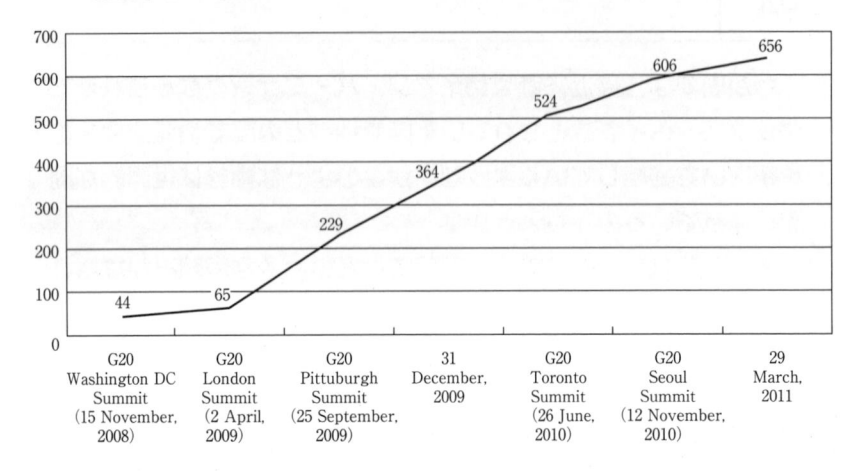

時点	締結数
G20 Washington DC Summit (15 November, 2008)	44
G20 London Summit (2 April, 2009)	65
G20 Pittuburgh Summit (25 September, 2009)	229
31 December, 2009	364
G20 Toronto Summit (26 June, 2010)	524
G20 Seoul Summit (12 November, 2010)	606
29 March, 2011	656

Question 95 執行共助条約

わが国が署名した執行共助条約とは，どのような内容のもので，どのような国が署名しているのでしょうか？

A 解説参照。

解 説

1 2011年11月にわが国が署名した「税務行政執行共助条約」（いわゆる執行共助条約）は，条約締結国の税務当局国で税務行政に関する国際的な協力を行うための多国間条約で，1958年に署名のため開放されています。

2 この条約のポイントは次の3点です (注)。
① 情報交換：参加国の税務当局間で租税に関する情報を交換する仕組み
② 徴収共助：租税債権の徴収を外国の税務当局に依頼する仕組み
③ 文書送達共助：税務文書の送達を外国の税務当局に依頼する仕組み

(注) ただし，2010年5月の改正議定書により，情報交換規定が国際標準（①銀行機密の否定，②自国に課税の利益がない場合でも情報を収集し提供する）に沿った形に改正されています。

3 当初，この条約への参加はそれほど多くはありませんでしたが，2011年2月のG20の財務大臣会合において署名推奨の共同声明が採択されたことから，2011年11月に日本，ロシアなど8カ国が署名したこともあり，2012年3月19日現在の署名国は，日，米，英，仏，独，伊，加，韓，露など35カ国に達しています。

Question 96　在外財産に係る米国の情報収集

この制度（在外財産調書制度）の創設に伴い，外国当局との間の情報交換も重要になってくるということはわかりましたが，米国などではどうなっているのでしょうか？

A 情報交換につき多国との間で合意形成。

解説

1 わが国の制度に類似する制度として米国には海外預金1万ドル超の口座保有者本人に対する報告制度と海外口座に係る「外国口座税務コンプライアンス向上法（Foreign Account Tax Compliance Act…略称FATCA）」による外国金融機関（Foreign Financial Institution）に対する米国人の口座保有者に係るIRSへの報告制度（FBAR，TDF90-22.1…Report of Foreign Bank and Financial Accounts 及び IRS様式3520）が設けられています。

2 このうち前者については，申告義務違反として最高で過年度の最大残高の50％相当額までのペナルティが賦課されることとなっています。

3 また，後者についてですが，外国の金融機関の所在地国政府との間（例えば英，仏，独，伊，スペイン）で情報交換の合意に向けた努力がなされており，基本的合意に達しているとしています（IRSホームページ）。

第8章 情報交換

Question 97 「有害な税の競争」論議との関係

国外財産調書制度は，かつて議論の的となった「有害な税の競争」と関係があるのでしょうか？

A 直接的関連性はありませんが支援要因となります。

解 説

① 「有害な税の競争」に関する議論は，資本移動の自由化に通信革命の進展等に伴い，経済取引がグローバル化した状況下において金融やサービス産業などのいわゆる「足の早い」経済活動がタックス・ヘイブン国等に移動するようになった結果，先進諸国で課税ベースが侵食され減収となり，その分が勤労所得や消費などといった可動性の低い税目に対する負担が増加する結果になるのではないかという問題意識から生まれた議論です。

② このような状況に対処するため，OECDでは1998年4月に「有害な税の競争報告書」を，2000年6月には「有害な税制の特定と除去に関する進捗状況についての報告書」を公表し，有害税制除去のための具体的指針を作成するとともに，2003年4月までに有害な税制を除去するべしとする提言がなされました。

③ また，非協力的なタックス・ヘイブン・リストを公表し，OECD加盟国との間で実効性のある情報交換を行うことを求めるとともに，非加盟国との対話供述によりOECD非加盟国による有害な税の競争の防止等にも協力を求めることとしました。

その結果，最近ではほとんどのタックス・ヘイブン国がOECD加盟国との間の情報交換に取り組むようになってきています。

④ 国外財産調書制度はこの議論を直接の関連はありませんが，タックス・ヘイブン国からの情報提供がなされることになったことで国外財産調書制度の有

効性がさらに高まるのではないかと期待されています。

第9章

個人富裕層による
オフショア利用と当局の対応

1 OECD　　Question　98〜107
2 米　　国　Question　108〜115

Question 98 【1 OECD】
主要国における個人富裕層の現状

個人富裕層によるオフショア投資が各国で問題になっているそうですが，そこでいう個人富裕層とは具体的にどのような人達をいうのでしょうか？
また，その規模は世界でどれくらいになっているのでしょうか？

> **A** 明確な定義があるわけではありませんが，一般的には純資産100万USドル以上の者，全世界で推計800～1,200万人存在。

解説

1 個人富裕層なるものが，どのようなものをいうのかについて明確な主義が存在しているわけではありませんが，一般的には純資産ベースで100万USドル以上の者を指すと考えられているようです（OECDの2009年5月レポート1～318）。

2 そして同レポートでは，その対象となる者が全世界で800～1,200万人存在し，彼らの所有資産の総額は純資産ベースで40.7兆USドルから200兆USドルになるとしています（同前）。

3 しかし，同じ個人富裕層といっても毎年の所得金額でみるのか，資産保有の多さでみるのかなどによってその対象範囲や対処方法も異なってきます。親から多額の資産を相続した者であれば，主たる関心事は遺産税，相続税，贈与税，財産税ということになりますし，高額所得者であれば毎年の所得税の負担軽減ということになります。

（注）　しかし，高額所得者は資産蓄積により徐々にストック分が増加してくれることになり，長期的には資産に着目するようになるとされています。

第9章　個人富裕層によるオフショア利用と当局の対応

　ちなみに，各国税務当局の資料でみた場合，高額所得者（100万USドル相当分）の人員と，それらの者の所得税収中に占める割合は次のようになっています（同レポート，イントロダクション，パラ3）。

	対象人員	所得税収中に占めるウエイト
イギリス	0.5%	17%
ドイツ	0.1%	8%
米国	1%	40%

（日本）＊

	対象人員	所得税収中に占めるウエイト	累計
1億円超	0.1%	13.5%	13.5%
5千万円超〜1億円以下	0.5%	13.8%	27.3%
2千万円超〜5千万円以下	2.6%	29.7%	57.0%
1千万円超〜2千万円以下	6.5%	22.6%	79.6%

＊日本の資料については平成22年分のもので国税庁統計資料より，著者抜粋

Question 99 個人富裕層によるオフショア資産の保有

個人富裕層が海外に資産を持つのは当たり前といわれていることを聞きましたが，実際には総資産のうちどの程度の割合を海外資産として保有しているのでしょうか？

A 資産の保有状況やライフサイクルによっても異なるが，大部分は国内資産として保有。

解 説

1 OECDレポートでは，個人富裕層を次の3つのタイプに区分しています。
- 第1グループ…born rich
  文字通り金持ちの家に生まれる
- 第2グループ…steady accumulated rich 又は work rand rich
  コツコツ型の医者弁護士等
- 第3グループ…sudden rich
  IPO，金持ちとの結婚など

そして，そこでもビジネスサイクルやライフサイクルに応じ，次のようなサイクルがあるとしています。
- 第1のサイクル…富の創造及びその拡充期
- 第2のサイクル…富を維持する時期
- 第3のサイクル…富を次の世代に手渡す

2 具体的には次のようなイメージです。

第9章 個人富裕層によるオフショア利用と当局の対応

【富裕層になるための3つ道（OECDレポートより抜すい）】

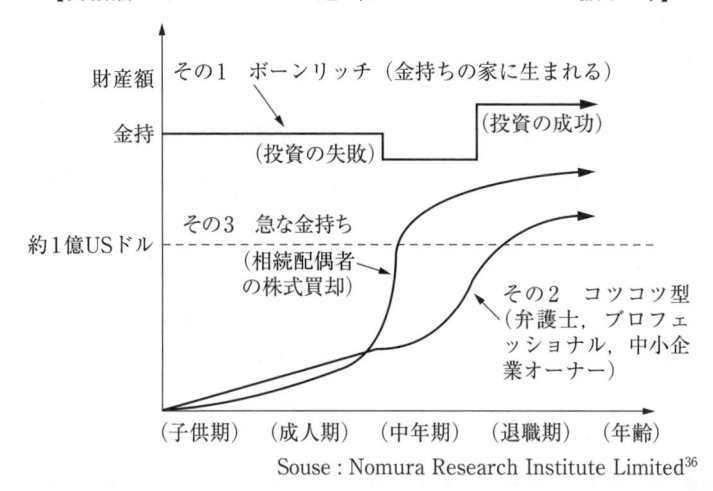

財産額
金持
約1億USドル

その1　ボーンリッチ（金持ちの家に生まれる）
（投資の失敗）
（投資の成功）
その3　急な金持ち
（相続配偶者の株式買却）
その2　コツコツ型（弁護士, プロフェッショナル, 中小企業オーナー）

（子供期）（成人期）（中年期）（退職期）（年齢）

Souse : Nomura Research Institute Limited[36]

そして各サイクルにより異なったタックスリスクに直面するとしています。
・第1のサイクル…所得税の課税リスク
・第2のサイクル…所得税, 贈与税等の課税リスク
・第3のサイクル…遺産税, 相続税等の課税リスク

3 しかし欧米の富裕層といえども, 資産の大部分は国内に有しており, オフショアに有している財産の割合は20％弱にとどまっているようです。

（注）　Oliver Wyman（2008）*The Future of Private Banking: A Wealth of Opportunity* p.10

Question 100 個人富裕層によるオフショア資産の保有規模

個人富裕層によるオフショア資産の保有割合はそれほど高くないとのことですが,それであればどうして問題視されるのでしょうか?

A 規模が大きく,かつ,それがタックス・ヘイブン国等に集中しているため。

解説

1 たしかに,オフショア資産の保有割合は,数字の上ではそれほど多くないようにみえます。しかし,国外資産の保有割合は国によってかなり異なります。

例えば,OECDでの別のレポート(2007 global wealth report)によれば,日本の場合は約1%,米国では約2%となっているのに対し,ヨーロッパでは10%,ラテンアメリカや中東では約30%となっています。

【富裕層によるオフショア資産の保有割合】

```
35%  (中近東,アフリカ)
     Middle East and Africa
30%  ◆        (ラテンアメリカ)
              Latin America
25%
20%          (日本以外のアジア・オセアニア)
                Asia
15%          pacific (excl Japan)
                                (欧州)
                                Europe
10%                                    (北アメリカ)    (全世界)※
                                       North America  ◆ Global
 5%                    (日本)
                       Japan
 0%
```

資料出所:Boston Consulting Group (2007) *Global Wealth 2007*, p. 14
※資料出所が別のため16%になっていません

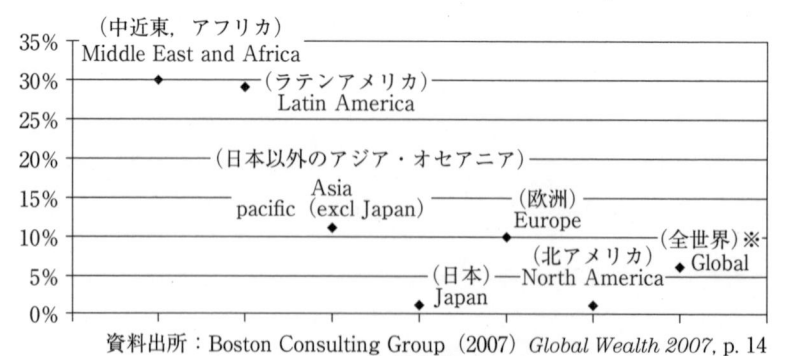

2 しかし,その規模自体がかなり大きいだけでなく,次の図でみるように,

第9章　個人富裕層によるオフショア利用と当局の対応

それらの資産はカリブ海諸国や欧州でいえばスイスなどといったいわゆるタックス・ヘイブン国に集中しています。

【2007年におけるオフショア資産合計（単位：US兆ドル)】

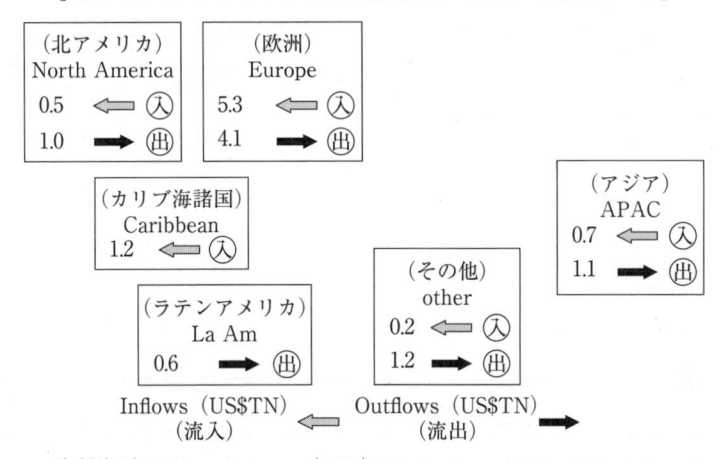

(北アメリカ) North America
0.5 ← (入)
1.0 → (出)

(欧洲) Europe
5.3 ← (入)
4.1 → (出)

(カリブ海諸国) Caribbean
1.2 ← (入)

(アジア) APAC
0.7 ← (入)
1.1 → (出)

(ラテンアメリカ) La Am
0.6 → (出)

(その他) other
0.2 ← (入)
1.2 → (出)

Inflows (US$TN) (流入)　Outflows (US$TN) (流出)

資料出所：Oliver Wyman (2008) *The Future of Private Banking : A Wealth of Opportunity* Oliver Wyman, New York, p. 10

Question 101 富裕層による国際的な課税のがれの典型例

オフショアを利用した国際的な課税のがれは先進国のみならず途上国においてもみられるとのことですが，具体的にどのようなイメージなのでしょうか？

A タックス・ヘイブン等に口座を設けその運用益を申告しないというのが一般的です。

解説

1 わが国の場合，居住者については全世界所得を課税対象に取り込んだ上で所得税を課税するというシステムを採用しています。

2 しかるに，タックス・ヘイブン国等の口座の把握が困難なことに着目し，日本で申告されていなかった資金を海外のこれらの口座に送金した上で，そこからさらに第三国等に投資を行い，その運用益を申告していなかったという例がいくつか発見されています。

具体的には次のようなイメージです。

第9章　個人富裕層によるオフショア利用と当局の対応

【「国際的な課税のがれ」の例（イメージ図）】

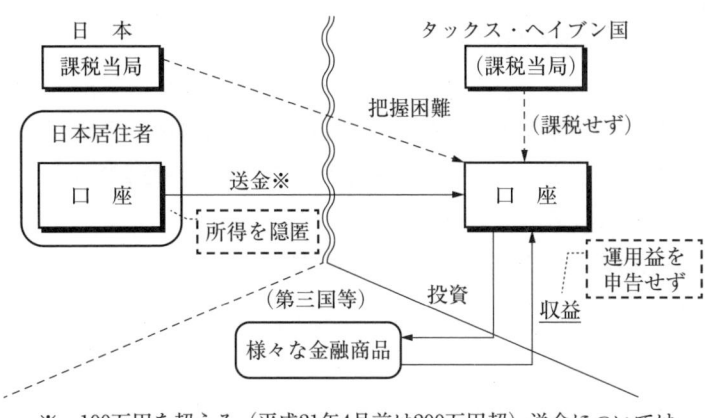

```
        日　本                    タックス・ヘイブン国
    ┌─────────┐                  ┌─────────┐
    │ 課税当局 │  ‥‥‥‥‥‥‥‥ │(課税当局)│
    └─────────┘     把握困難      └─────────┘
                                        ↓
    ┌─────────┐                    (課税せず)
    │日本居住者│                        ↓
    │┌───────┐│     送金※      ┌─────────┐
    ││ 口 座 ││───────────→│  口 座  │
    │└───────┘│                 └─────────┘
    └─────────┘                    ↓ ↑
      ┌‥‥‥‥┐                    ┌‥‥‥‥┐
      │所得を隠匿│                  │運用益を │
      └‥‥‥‥┘                    │申告せず │
         (第三国等)   投資   収益   └‥‥‥‥┘
              ┌─────────────┐
              │様々な金融商品│
              └─────────────┘
```

※　100万円を超える（平成21年4月前は200万円超）送金については，国外送金調書の提出義務がある。

3 これらの海外口座を把握するためには，タックス・ヘイブン国との情報交換が不可欠です。そのため，わが国では近年これらの国々との情報交換条約（TIEA）の締結に力を入れています。

4 国外財産調書制度は，このような流れの延長線上にある施策です。

Question 102　個人富裕層の税務コンプライアンスに関する主要先進国の問題意識

　国外財産調書制度は，個人富裕層による海外投資に税務当局が十分対応できていないのではないかという問題意識からスタートしているようにみえます。
　OECDなどでは，どのような議論がなされているのでしょうか？

A　G20，OECD，税務長官会合など多くの場で，具体的な対処策等について議論。

解　説

① 個人富裕層のタックス・コンプライアンス（納税意義）については，オフショアを利用した租税回避事例が多いという特徴があります。しかし，権限の問題（調査権は国内での行使可）等もあって，各国の税務当局は必ずしもこれに十分な対応ができていませんでした。
　その結果，この種の資金が税金のない国や情報交換のない国などに大量に移動し，金融不安等の一因になっているのではないかと指摘されるようになっていました。

② このような事態に対処するため，OECDではこの問題に取り組んできており，2008年3月に個人富裕層に着目した検討委員会を設け議論を重ねてきました。
　また，2009年4月に開催されたロンドン・サミットにおいても「タックス・ヘイブンを利用した租税回避」問題が取り上げられ，それらの対処の必要性について言及がなされました。

③ それらをふまえ，OECD租税委員会及びその下部機関である第8作業部会

及び税務長官会合（OECD Forum on Tax Administration）の共同作業により，2009年5月に「個人富裕層のタックス・コンプライアンス問題（Engaging with high next-worth industrial on Tax Compliance）」と題される報告書が公表されました。

　そこでは，個人富裕層のオフショア（国外）利用の実態とそれらを利用した租税回避の状況及び各国でとられている対処策等について分析，検討がなされています。

4　なお，それ以外にも，次の3つの関連報告書が公表されています。
　①　「OECD8カ国の経験と実務」
　　　（Experience and Practices of Eight OECD Countries）
　②　「コーポレート・ガバナンスと税務リスク管理」
　　　（Corporate Governance and Tax Risk Management）
　③　「（税務当局と）金融機関との透明性の高い税務コンプライアンスの構築」
　　　（Building Transparnet Tax Compliance with Banks）

Question	富裕層によるアグレッシブなプランニングに対する
103	当局の対応

　富裕層のなかには国際取引や国外所在財産を利用したアグレッシブなタックス・プランニングの事例等も見られるとのことですが，各国の当局はそれに対してどのような対策等を講じているのでしょうか？

A 調査の充実と情報収集の強化。

解　説

1　富裕層によるアグレッシブなタックス・プランニング（いわゆる租税回避，脱税を含む）に対抗するための措置として最も有効なのは税務調査の充実です。

　現に，OECDの合同レポート（2009年5月）でも，税務当局がその気になって必要な人的資源や予算等を十分投下しさえすれば富裕層に関する情報と最も効率的に入手することが可能だとしています（同レポート，パラ93）。

2　しかし，各国の当局とも人員，予算に限りがありますので，実際には他の手段もあわせて活用することが必要となっています。

　例えば，次のような措置です（同前パラ95〜98）。

①　新聞，雑誌などの公開情報から富裕層のライフスタイル，資産状況，嗜好等に関する情報を収集する。

②　他官庁や第三者からの情報入手

③　部内における情報の共有化

④　租税回避専門部署を創設し，データベースの集積，新しい手口の発見と関係部門への連絡

⑤　情報支援の活発化（パラ103〜108）

（注）　なお，OECDレポートでは，これらの措置にあわせて，執行当局間と富裕層及び

彼らのアドバイザーとの対話の場の創設についても提言しています。

3 今回，新たに設けられることになった「国外財産調書制度」は，納税者本人に海外所有に係わる財産を自ら報告してもらうという点で，OECDレポートの考え方をさらに発展させたものとなっています。

Question 104　富裕層による国外移住

富裕層においては，オフショアへの投資やオフショアでの財産保有を選好する傾向があることはわかりましたが，国外への移住等についてどうなのでしょうか？

A 他の納税者に比して，国際的流動性も高い。そのため国によっては出国税（Exit Tax）等で対応。

解　説

1 2009年5月のOECD合同レポート（FTA，WP8）によれば，個人富裕層の国際流動性は，他の納税者に対して高くなっており，この傾向は，高額所得者及び多額の資産保有者の双方に共通してみられる傾向になっているということです（同レポート，パートⅠ.1.4）。

2 ちなみに，City Private Bank及びKnight Frankが行った調査結果によれば，住所地を決定する際，課税問題を最も重要だと考える人の割合は約29％だったとのことです（同前）。

（注）　なお，住所地移動に最重要なファクターとしてあげられたものとして，次のようなものがあります。

第9章　個人富裕層によるオフショア利用と当局の対応

①	仕事へのアクセスの良さ	59%
②	人的安全性（犯罪の少なさ）	53%
③	空路へのアクセスの良さ	41%
④	クルージング	38%
⑤	サービスの質	32%
⑥	教育	32%
⑦	ビジネスネットワークの存在	29%
⑧	レジャー	15%
⑨	医療機関の存在	6%

❸ 課税問題を住所地決定の最重要なファクターと考える人たちへの対応策として，同レポートでは，米国で採用されているような出国税（Exit Tax）やフランス，ノルウェーなどで採用されている住所地の変更やそれに伴う所有資産の国外移転に対し一定のコスト負担を負わせることなどが有効ではないかとしています（同レポート，パラ31）。

Question 105　マネーロンダリング規制法（小口分散送金等）との関係

国外送金調書について，現在は一国あたり100万円超となっていましたが，かつては200万円超となっていました。友人から，小口に分散して送金すれば報告されないし，たとえ累計で5,000万円超になったとしても報告対象から外れるのではないかと聞きましたが本当でしょうか？

A 要報告。そもそもその種の送金はマネーロンダリング規制法にいう「疑わしい取引」である可能性が高い取引です。

解　説

■1　たしかに，国外送金について，一国あたりの送金額が一定金額以下（平成21年3月までは200万円以下，同年4月1日以降は100万円以下）であれば，金融機関から税務当局への報告はされないことになっています（送金等法5）。

■2　しかし，国外財産調書制度は，毎年末において保有する5,000万円超の国外財産について全て税務当局への報告が義務付けられています。したがって，たとえ一回あたりの送金額が一定金額以下であったとしても，累計で5,000万円超になっていれば報告義務があります。

■3　なお，一国あたりの送金額を小口に分散することにより，金融機関による本人確認や報告義務を免れるような行為については組織的犯罪処罰法（いわゆるマネーロンダリング規制法）により，金融機関は顧客の属性，取引目的を十分把握のうえ，「疑わしい取引」があると見込まれる場合，金融庁への届出が義務付けられています。

（注）　なお，この場合，金融機関は本人に届出の事実を開示してはならないとされていますので，貴方が知らないうちに当局がその事実を知り，告発等を受けるという可

第9章　個人富裕層によるオフショア利用と当局の対応

能性があります。

Question 106　OECDにおけるオフショア所在財産の自発的開示プログラム

　欧米諸国では，脱税資金等で国外（オフショア）の金融機関等に預けられている預金等について，自発的開示を求める動きが活発化していると聞きましたが，どの程度の国でそのような試みが行われているのでしょうか？

A　OECDの調査では，39カ国中21カ国で金銭ペナルティーを軽減，懲役刑については28カ国で免除。

解説

1 OECDが2011年4月に公表したデータ（OECD'S Current Tax Agenda April 2011）によれば，OECDが加盟国及び非加盟国39カ国に対して行った実態調査の結果，ほとんどの国で，脱税資金等をオフショアに留保していた場合であっても，自発的開示プログラムよりそれを自発的に当局に開示した場合には，本税の軽減，金銭ペナルティーの軽減，懲役刑の免除などの措置が取られています（同レポート，P21）。

2 例えば，金銭ペナルティー（日本流にいういわゆる重加算税）を免除することとしている国が11カ国，懲役刑については28カ国が免除しているとしています。

3 そして，なかには通常の加算税（12カ国）だけでなく，本税まで軽減している国もあります（6カ国）。

第9章　個人富裕層によるオフショア利用と当局の対応

(参考)　OECD調査によるオフショア口座等自発的開示プログラムの結果

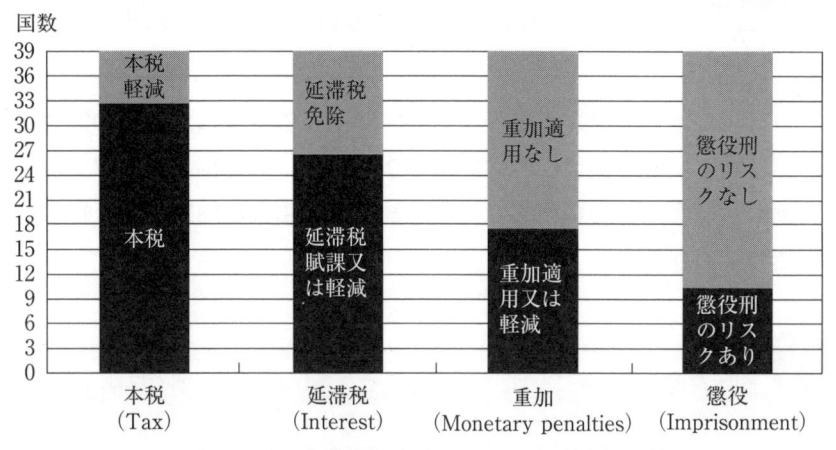

国数 軸（0〜39）

- 本税（Tax）：本税軽減／本税
- 延滞税（Interest）：延滞税免除／延滞税賦課又は軽減
- 重加（Monetary penalties）：重加適用なし／重加適用又は軽減
- 懲役（Imprisonment）：懲役刑のリスクなし／懲役刑のリスクあり

39カ国における自発的開示プログラムの主要要素別分類

Question 107 オフショア所在財産に係る自発的開示の効果

オフショア所在財産に係る自発的開示プログラムが多くの国で行われているということはわかりましたが，その結果，オフショア所在財産がどの程度あり，税収面でどのような効果があったのでしょうか？

A 開示財産の総額について不明のところが多いが，税収増では明確な効果あり。

解 説

1 OECDの2011年4月レポートによれば，これまで実施されたオフショア所在財産に係る自発的開示プログラムの実施時期，税収増，開示された財産総額は次のようになっています。

Examples of estimated and actual recovery of offshore assets /tax collected from voluntary compliance programmes

Country	Voluntary Disclosure Programme	Amounts of tax collected in €[1]	Amounts of assets disclosed in €	Estimated or Actual
Australia	2007 and onwards tax amnesty-Project Wickenby	Over 222 million[2] *Over AUD 300 million*		Actual
Belgium	2004 tax amnesty	496 million		Estimated
Canada	Voluntary disclosures 2004-2005	239 million *CAD 318 million*		Actual

-176-

第9章　個人富裕層によるオフショア利用と当局の対応

Germany	2004 tax amnesty	901 million		Actual
	Voluntary disclosures2010	4 billion		Estimated
Greece	2004 tax amnesty		20 billion	Estimated
Ireland	Voluntary disclosure of offshore accounts 2004	856 million		Actual
Italy	2002-2003 Tax Shield	2.1 billion		Actual
	2009-2010 Tax Shield	4.75 billion[3]	95 billion[3]	Actual
Portugal	2005 tax amnesty	41 million		Actual
South Africa	2003 tax amnesty	44 million ZAR 400 million	7.1 billion ZAR 65 billion	Estimated
United Kingdom	2007 voluntary disclosure facility	473 million GBP 400 million		Actual
	2009 voluntary disclosure facility	97 million GBP 82 million		Actual
United States	2003 voluntary compliance initiative	202 million[2] USD 270 million		Actual

1. For comparison, all amounts of tax collected or assets disclosed have been converted into Euros. The conversion rate used was the interbank rate as of 3 December 2010. Amounts innational currency are in italics.
2. Including penalties
3. As of 15 December 2009

2 これをみてみますと，税収については国によって差はあるものの，ほとんどの国（英国で累計5.7億ユーロ，米国で2億ユーロ，ドイツで累計49億ユーロなど）でほどほどの税収が確保されているという結果になっています。

3 例えばイタリアやドイツでは，5,000億円前後の税収増となっています。また，イタリアでは，中間推計値ではありますが，在外財産として1兆円以上が開示されています。

4 なお，米国の2003年の数字はクレジットカード会社の海外口座のみをターゲットにしたものですが，それだけでも約200億円近い税収増になっています。

（注）　これに加え，米国では，2009年（OVDP）及び2011年（OVOI）にもリヒテンシュタインやスイスの銀行口座等を主な対象として同種の開示プログラムが実施されています。

Question 108 【2 米 国】
米国における国際的な課税のがれ

オフショアを利用した国際的な課税のがれの問題については，諸外国でも問題になっているとのことですが，米国ではこの問題にどのように対処しているのでしょうか？

A 外国口座税務コンプライアンス向上法（FATCA）の制定とその執行を最重点テーマにしています。

解 説

1 オフショアを利用した租税回避や脱税に対しては，IRSが最重要課題として取り組んでいます。

2 例えば，「財務省税務行政監督官（Treasury Inspector General for Tax Administrator通常TIGTAと略称）」が財務長官あてに提出した「IRSの2012年度重要課題」のなかで，「過去30年間（1976～2007年）に，米国企業の国際取引が0.18兆ドルから145兆ドルへと約1,000倍近くに，海外投資残高が0.3兆ドルから15兆ドルへと約50倍に増加した。」としています。また，「個人による海外取引や海外資産保有残高も大幅に増加している。」としたうえで，次のように述べ，グローバル化への対応としてIRSに対し，従来以上に積極的に取り組むよう求めています。

「① 急増する国際取引等に適切に対処するためには情報収集が欠かせないが，IRSは情報不足に悩まされている。

② 過去2年間（2010年，2011年），IRSは，国際的な税務コンプライアンスの向上に努めてきた。特に，司法省（Dept of Justice）の協力により，オフショアを利用した脱税の摘発に大きな成果をあげた。

その結果，厳しい銀行秘密保護法を有している国（筆者注：例えばスイ

スなど）からも，オフショアを利用した課税もれに関する重要な情報が多数入手できるようになった。

③　これと並行して，オフショアに財産を有している者に対する自発的開示プログラム（Offshore Voluntary Disclosure Initiative）にも取り組んできた。

④　2012年度において，IRSが取り組むべき最大の課題は，「外国口座等に係る税務コンプライアンス向上法（Foreign Account Tax Compliance Act）」（2010年制定）の早期，かつ，厳格な執行である。」

第9章　個人富裕層によるオフショア利用と当局の対応

Question 109　オフショアを利用した課税のがれの方法（米国の場合）

海外（オフショア）を利用した課税のがれは米国などでも活発に行われていると聞きましたが，具体的にどのような方法が利用されているのでしょうか？

A　解説参照。

解 説

① 米国におけるオフショアを利用した課税のがれ（avoid paying tax）の手法は極めて多岐にわたっていますがそれらはいくつかのパターンに分類されます。

② 例えば，会計検査院（GAO）の担当官が上院財政委員会で行った証言（Tax Compliance, Offshore Financial Activity Creates Enforcement Issues for IRS）（2009年3月17日）によれば，次のような例が紹介されています。

① 個人が所得の帰属をわかりにくくするため，LLCやLLP，信託などの多様な事業体を利用したり，外国金融口座，国際クレジットカードその他を利用する
② オフショアに免税団体を設定し，そこに所得を移転する
③ 米国内で取引を行わないことによりIRSの所得把握を困難にする
④ アグレッシブなファイナンシャル・アドバイザーを利用する
⑤ ウェブサイトを利用する
⑥ 協力的な金融機関を利用し資金隠しをする

Question 110　米国におけるオフショア・コンプライアンスの現状

　国外財産等を利用した税のがれは日本だけでなく各国共通の問題だと思いますが，米国などではどのようになっているのでしょうか？

A 同様の問題があります。

解　説

1 オフショアを利用した税のがれについて，2009年3月に開催された上院財政委員会で，会計検査院（GAO）の担当官は，次のような証言をしています。「米国外に1万ドル超の資産を有している者にはIRSへの報告が義務付けられている（注）にもかかわらず，対象となる納税者の多くは，その義務を理解しているにもかかわらず報告をしていない。」

（注）　Foreign Bank and Financial Account規制法（FBAR）により，米国外に1万ドル超の預金口座を有する米国市民及びグリーンカード保有者は，TDF90-22,1及び様式3520により財務省への報告が義務付けられています。

2 この指摘をふまえ，IRSが報告義務強化に取り組んだ結果，報告件数は約85％増加したとのことです（対2000年比）。

3 それ以外でも，例えば外国の金融機関（リヒテンシュタインやスイスのプライベートバンク等）や外国のクレジットカード会社を利用したり，外国の多様な事業体（LLC，パートナーシップ信託等）の利用なども多数存在しているとしています。

第9章　個人富裕層によるオフショア利用と当局の対応

| Question 111 | オフショア・コンプライアンス強化に向けての米国の取組み |

国際取引や国外所在財産を利用した税のがれに対応するため，IRSではどのような施策を講じているのでしょうか？

A　調査強化と国際的開示。

解　説

■1　米国市民が税のがれ（avoid paying taxes）の手段としてオフショア（海外）を利用するのは，そこが米国の法令の適用対象外となっており，透明性が制限されているためです（上院財政委員会における会計検査院（GAO）の担当官証言）。

■2　そこで，米国市民に対し，国外預金等（オフショア所在財産）のIRSへの報告義務を課すこととしているわけですが，なかにはその義務を履行しない者もいます。

■3　このようなことから，IRSではオフショア・コンプライアンスの強化を重点施策として掲げ，これらの分野に対する調査を強化しています。しかし，1件当たりの調査日数が平均で500日超となっていることなどから，大幅な件数増加に限界があることも事実です。

■4　そこで，IRSでは，調査と並行して自発的開示（OVCI）にも力を入れています。

（注）　ちなみに，2003年にクレジットカード会社を対象に実施した自発的開示プログラム（Offshore Credit Card Program…OCCP）では，対象者の約10％が自発的に開示を行ったとのことです。なお，業種別に見てみると，会計士，聖職者，建設業者，医師，教師等が多く，それぞれ200人を超えていたとのことです。

なお，2009年（Offshore Voluntary Compliance Program…OVCP）及び2011年

(Offshore Voluntary Compliance Initiative…OVCI) にも同様のプログラムが実施されています。

第9章　個人富裕層によるオフショア利用と当局の対応

Question 112　米国の国外財産報告制度

米国では本人だけでなく外国の金融機関にも米国外所在財産等について税務当局への報告が義務付けられていると聞きましたが，どのような仕組みになっているのでしょうか？

A 報告しなければ30％の税率で要源泉徴収。

解説

① 2010年に制定された「外国口座税務コンプライアンス向上法（FATCA）」では，米国で事業活動を営む外国の金融機関（FFI）に対し，彼ら（FFI）が有する米国人（実質所有者を含む）関連の海外口座についてIRSへの報告を求めています。

② ただし，IRSは，FFIの有する海外預金口座について報告の履行を強制する権限は有していません。そこで，FATCAでは，その代替策として，米国内源泉の支払に対し30％の源泉徴収を義務付けています。

③ すなわち，IRSでは，FATCAを米国市民による米国法へのコンプライアンス向上の一手段として位置付けるとともに，FFIにオフショア口座の開示を求めることで，国際的な租税回避の防止に役立てたいとしています。

④ なお，そこでいう「海外口座（Foreign Account）」には，本人名義による通常の預金だけでなく，信託や法人名義のものであっても，それらの実質的な所有者や受益者が米国人であるものは全て含まれます。

⑤ また，通常の預金だけでなく，預金証書や海外金融機関からの借入れ（Loan）等も対象とされています。

換言すれば，米国市民と取引のある海外金融機関等は全ての取引が報告の対象になるということです。

Question 113　FFIからIRSへの報告事項

FFIからIRSに報告されることとなる事項にはどのようなものがあるのでしょうか？
また，わが国で同様の制度が創設される可能性はあるのでしょうか？

A 解説参照。

解　説

1 「外国口座税務コンプライアンス向上法（FATCA）」に基づき，FFI（外国金融機関）がIRSに報告することが求められている（reporting agreement）のは，次のような事項です。

① 各口座につき，口座所有者が米国人であること又は外国の事業体口座となってはいるものの，実質所有者が米国人であると思われるものに関する十分な情報

② 毎年，a)「米国市民口座」に関するその者の住所，氏名，納税者識別番号（TIN），b) 外国金融機関によって使用されている番号，c) 残高，d) 年間の預入れ及び払出総額

③ IRSから要請があれば追加情報提供に合意する旨

④ 口座閉鎖等により報告義務がなくなったときはその旨

⑤ 米国市民の預金口座ではあるものの開示に同意しなかった者の支払に対する30％の源泉徴収とすることとなった場合，その間の経緯等

2 米国におけるこのような新しい動きについては，わが国にとっても参考になる点はあるのですが，国籍主義課税制度を採用している米国と異なり，居住者課税主義を採用しているわが国にとっては，制度の差もありますので，とり

あえず米国の動向やその施策の成果等をふまえてから導入することになるのではないかと思われます。

Question 114　米国における国外送金報告制度

米国でも，わが国で行われているような国外送金報告制度（1回当たり100万円超の送受金の税務当局への報告制度）に類似したような制度が存在しているのでしょうか？

A SWIFTから情報を入手。

解説

1 米国では，わが国のように1回当たり一定金額以上の送受金について税務当局に報告を求めるという制度は設けられておらず，海外預金口座の残高1万ドル超のものについて報告を求めるというシステムが採用されています。これは，わが国の「国外財産調書制度」に類似する制度です。

ただし，その対象は米国市民の個人口座だけでなく，信託，多様な事業体，各自法人等を利用したものについても要報告とされています。

2 これらに加え，フローに関する情報として，金融機関の世界的な決済ネットワークであるベルギーに本部を有するSWIFT（Society for Worldwide Interbank Financial Telecommunication）からも情報を入手しているとしています。

具体的には，SWIFTに対し，IRS及びSECに，次の事項について報告義務を課しています（CFR103.11）。

(注)　ちなみに，SWIFTでは国際的な規模で活動する金融機関のみならず証券会社や信用金庫，農協等にもコード番号が付されており，ほとんどは決済情報がそこに集積されています。

　① 為替ディーラー又は両替業者及び小切手を現金に交換することを業としている者

② トラベラーズ・チェック，マネー・オーダーの発行者，電子送受金業務を行っている者並びにこれらの取扱者と送金業者（money transmitter）
③ 年間収入100万ドル以上のカジノ免税施設の所有者
④ FRBの監督下にない外国銀行の代理人等（例えば法律事務所など）
⑤ FBA（Federal Bank Agency）又はSECの検査又は監査対象外となっている銀行その他の金融機関（Financial Institution）

(注) ただし，上記のうち①と②はマネー・サービス・ビジネスとして州政府の所管となっています。

3 さらに，IRSでは，要報告取引義務が正しく履行されているか否かをチェックするため，33州及びプエルトリコとの間で情報を共有する契約を締結したとのことです（IRSニューズレター（IR-2006-070））。

IRSは，この合意により，州政府の所管下にあるマネー・サービス・ビジネスが連邦法及び州法で規定された当局への報告義務を正しく履行しているか否かについて容易にチェックできるようになったとしています（同前広報）。

Question 115 米国の脱税情報提供者に対する報奨金支払制度

オフショア口座の申告もれ等について，米国ではそれらの情報を税務当局に通報すると場合によっては賞金がもらえる制度があると聞きましたが，日本でも将来そのような制度が導入されることになるのでしょうか？

A 現時点では予定されていません。

解説

① 米国では，140年以上前から，脱税情報等を税務当局に通報しその情報を用いた税務調査の結果一定金額以上の増差税収があがった場合には，当該情報提供者に報奨金を支払うという制度が設けられてきています（IRC7623(a)(b)）。

② また，2006年末には，それらの情報をより効率的に収集するため，専門の部署（whistle-blowers office）が設けられました（詳細についてはIRSのホームページを参照して下さい）。

それに伴い，報奨金の額も，それまでの増差税収の10%だったものが15～30%に引き上げられています。

③ わが国でも，かつて同様の制度が設けられていたことがありましたが，所得公示制度の創設に伴い廃止となったまま現在に至っています。

（注） それを復活させるような動きも現時点ではなさそうです。

第10章

その他

Question 116 翌年3月15日までに出国予定の場合

私の父は多額の国外財産を所有していますので，国外財産調書の提出対象になると思いますが，翌年の3月15日までに出国してしまったりした場合には，どのようになるのでしょうか？

A 不要です。

解 説

1. 国外財産調書の提出義務を負う者は，「居住者」に限られています（送金等法5①本書き）。

2. ただし，翌年3月15日までに，当該国外財産調書を提出しないで死亡してしまったり，納税管理人の届出をすることなく出国（所法2四十二）したような場合には，この限りではないとされています（同前ただし書き）。

3. したがって，貴方のお父さんのように翌年3月15日までに納税管理人の届出をすることなく出国したり，翌年1月1日から3月15日までの間に国外財産調書を提出しないで死亡してしまった場合には，国外財産調書の提出は不要ということになります。

第10章 その他

Question 117 所得税の更正等があった場合における加算税の増減の対象となる国外財産調書の年分

所得税の調査において過少申告加算税又は無申告加算税が課される場合において，国外財産調書を提出しているか否かによって過少申告加算税又は無申告加算税の増減があるとのことですが，そこでいう「国外財産調書」とは，どの年分に係るものをいうのでしょうか？

A 更正又は決定に係る年分の調書。

解説

1 所得税における調査等により修正申告書若しくは期限後申告書の提出又は更正若しくは決定があり，過少申告加算税（通則法65）又は無申告加算税（通則法66）が課税される場合において，国外財産調書が提出されているときは5％の軽減が，提出されていないときは5％の加重がなされることになっています（送金等法6①②）。

2 その場合，更正等の対象年と国外財産調書の年分が一致していれば問題ないのですが，不一致の場合にはどのようにすべきかが問題となってきます。

3 そこで，送金等法第6条第3項では，それが所得税に関するものである場合にはその修正申告書，期限後申告書，更正又は決定に係る年分の国外財産調書であるとしています。

具体的には，次のようなイメージです。

-193-

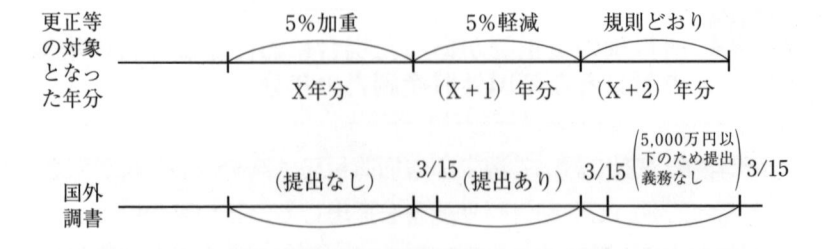

更正等の対象となった年分	5%加重	5%軽減	規則どおり
	X年分	(X+1) 年分	(X+2) 年分

| 国外調書 | (提出なし) | 3/15 (提出あり) | 3/15 (5,000万円以下のため提出義務なし) | 3/15 |

第10章　その他

Question 118　相続税の調査があった場合における加算税軽減の対象となる国外財産調書の年分

> 修正申告書の提出が相続税であった場合において，国外財産調書の提出があったときは加算税の軽減のみが適用になるとのことですが，その対象となるのはどの年分（修正申告書の提出年分，相続開始の日の属する年分）なのでしょうか？

A　相続開始の日の属する年。

解　説

① 相続税の調査があった場合において，修正申告書等の提出があったときにおける加算税軽減の起因となる国外財産調書の提出は，当該相続税に係る相続の開始の日の属する年に被相続人が提出すべきであった国外財産調書（送金等法6③ニイ）又は相続開始年の翌年に相続人が提出すべき国外財産調書（同号ロ）のいずれかとなります。

② 具体的には次のようなイメージです。

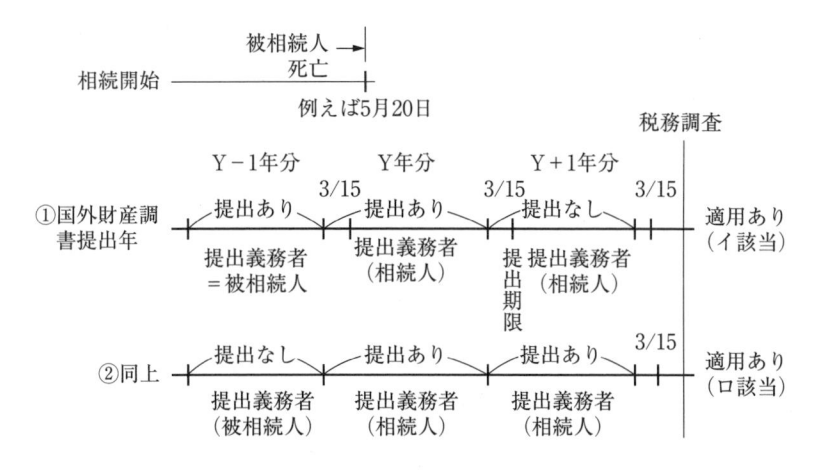

```
                    被相続人
                     死亡
相続開始 ─────────────┼─────────────────────── 税務調査
                   例えば5月20日

            Y－1年分      Y年分       Y＋1年分
           ├──3/15──┼──3/15──┼──3/15──┤
①国外財産調 提出あり    提出あり    提出なし              適用あり
  書提出年                                              （イ該当）
           提出義務者   提出義務者   提 提出義務者
           ＝被相続人   （相続人）   出  （相続人）
                                   期
                                   限
                                         3/15
②同上       提出なし    提出あり    提出あり             適用あり
                                                      （ロ該当）
           提出義務者   提出義務者   提出義務者
           （被相続人） （相続人）   （相続人）
```

－195－

※　上記例①では相続開始の日に被相続人が，Y－1年分につき，すでに調書を提出していますので軽減税率の適用対象となります。

　また，②では被相続人は提出していませんでしたが，被相続人が相続開始の翌年に提出していますので，ロ該当で同じく軽減税率の適用ありとなります。

Question 119 国外財産調書制度における税務専門家の役割と責任

国外財産調書制度がスタートした場合，税理士などのいわゆる税務専門家はどのような役割を果たすことになるのでしょうか。また，何か新たな責任等が発生してくるのでしょうか？

A 専門家として積極的な関与を期待。

解説

1 要報告となる国外財産の所有者は，一般的にいえばいわゆる富裕層に当たりますので，ほとんどの場合アドバイザーとして税理士など税務の専門家がついておられると思います。

とくに，これらの分野には専門的な知識を要する部分が数多く存在していますので，大きな役割を果たすものと期待されています。

2 そのため，米国で2013年から実施が予定されている「外国口座税務コンプライアンス向上法（FATCA）」では，税務専門家に対し，①クライアントが国外（オフショア）に口座を有しているか否かを必ず確認し，その内容をメモにして残しておくこと，②専門家が他から入手した情報等からクライアントがそれらの口座を有していると判断したときはその旨をクライアントに告げるとともに，③それでもそのような口座がないとクライアントが主張した場合等においては，その応答メモ等を保存するよう求めています（2011年8月San Joseで開催されたIRS National Tax ForumにおけるIRS担当官の説明）。

(注)　それらがあれば専門家としての責任が免責になるが，それらのメモ等が保存されていない場合にはペナルティの対象になる可能性があるとしています。

Question 120　国外への現金持出し等に係る税関申告制度との関係

国外への送金（又は国外からの送金）のうち1回当たり100万円超のものについては金融機関から税務署あてに国外送金調書が提出されることになっているとのことですが，出国者等が現金を直接持参して出国する場合はどうなるのでしょうか？

A 事前に税関への申告が必要。

解　説

1 平成9年の外為法改正により，1回当たり200万円（平成21年4月からは1回当たり100万円）超の国外への送金又は国外からの送金の受領等については，本人が金融機関に告知書を提出するとともに，それらの送金事務を取り扱った金融機関は所轄税務署長に対し国外送金等調書の提出が義務付けられています（送金等法3，4）。

（注）　そして，告知義務に違反した者又は国外送金等調書を提出しなかった金融機関等に対しては，1年以下の懲役又は50万円以下の罰金が課されることとなっています（同法7）。

2 同様の義務は，100万円相当額を超える現金等を携帯して出国又は入国する場合にも，税関への申告という形で課されています。ちなみに，税関への申告が必要となるのは次のような場合です。

① 次の合計額が100万円（北朝鮮を仕向地とする輸出にあっては10万円）相当額を超える場合
・現金（本邦通貨，外国通貨）
・小切手（トラベラーズ・チェックを含む）
・約束手形

・有価証券(株券,国債等)
② 金の地金(純度90％以上)の重量が1kgを超える場合

(参 考)
　課税価格の計算に用いる,実際の週間外国為替レートは,税関ホームページ内「価格の換算に用いる外国為替相場」を参照して下さい。株券等の場合,その時価,帳簿価格又は取得価額のいずれか大きい額で申告が必要です。

❸「支払手段等の携帯輸出・輸入申告書」に住所,氏名,支払手段等の種類・価額等を記載して,空港等の税関に申告。当該様式は,空港の税関検査場や海港の税関官署等にあります(根拠法令:関税法67,関税法施行令58・59,外国為替及び外国貿易法19③,外国為替令8の2,外国為替に関する省令10)。

Question 121 更正等の内容に国外財産に係る部分以外が含まれている場合における加算税の扱い

国外財産調書を提出すべしとされている者について、後日調査があり、更正を受け又は修正申告の提出があった場合において、当該更正又は修正申告内容に国外財産に係る部分や重加算税の適用対象部分が含まれている場合における加算税の軽減・加重はどのような形で行われることになるのでしょうか？

A それぞれの部分を除いた残りの部分について軽減又は加重がなされることになります。

解 説

1 国外財産調書を提出すべしとされている者について、後日調査があり、更正等がなされ又は修正申告書の提出があった場合において、それらのうちに「国外財産に係る事実」だけでなく「それ以外の部分」が含まれていた場合又は重加算税の適用対象となる「隠ぺい、仮装の事実」がある場合には、加算税の軽減又は加重の対象となるべき税額（本税額）は、修正申告等により追加で納付すべき本税額から国外財産以外の部分及び重加算税の適用対象となる部分を控除した残額部分となります（送金等令11②）。

2 具体的には、次の算式により計算された金額となります。

加算税の軽減又は加重の対象となる部分 ＝ （更正又は修正申告により増加する本税部分 － 「国外財産に係る事実以外の事実」に基づく本税額（隠ぺい仮装部分を除く） － 隠ぺい仮装の事実に基づく本税額）

Question 122 更正等に係る部分に加算税の軽減対象部分と加重対象部分の双方が含まれている場合の扱い

国外財産調書を提出すべしとされている者に対する調査の結果，更正等がなされることになった場合において，その更正等の対象に加算税の軽減対象部分と加重対象部分の双方が含まれている場合，加算税の計算はどのようにされることになるのでしょうか？

A
まず加重部分の本税額を算出し，次いで軽減対象部分の本税額を計算します。

解　説

1 国外財産調書を提出すべしとされている者について調査があり，更正又は修正申告等に至った場合において，国外財産調書の提出があり加算税を軽減される部分と，提出がなく若しくはあったとしてもその記載が正確でなかったこと等により加算税を加重される部分の双方がある場合には，加算税の計算の基礎となる本税額は，次の順番で計算することとされています（送金等令11③）。

① 「加重措置」の対象となる「加算税の計算の基礎となる本税額」を算出

　　この「加重措置」が適用される「国外財産に係る事実」（隠ぺい仮装のないものに限られます）のみに基づいて更正又は修正申告があったものと仮定計算した場合に算出される本税額となります。

（注）ただし，更正又は修正申告の内容に「国外財産に係る事実以外の事実」（隠ぺい仮装のないものに限られます）がある場合には，この「加重措置が適用される国外財産に係る事実（隠ぺい仮装のないものに限られます）」及び「国外財産に係る事実以外の事実（隠ぺい仮装のないものに限られます）」のみに基づいて修正申告等があったものと仮定計算した場合に算出される本税額から，この「国外財産に係る

事実以外の事実（隠ぺい仮装のないものに限られます）」のみに基づいて修正申告等があったものと仮定計算した場合に算出される本税額を控除した残額となります。

② 「軽減措置」の対象となる「加算税の計算の基礎となる本税額」を算出
「更正又は修正申告により納付すべき本税額」（全体）から、「上記①で算出された本税額」を控除した残額とされます。

2 なお、更正又は修正申告の内容に「国外財産に係る事実以外の事実」又は「隠ぺい仮装の事実」がある場合には、さらに「それらの部分に係る本税額」をも控除した税額となります。

第10章　その他

Question 123　国外財産調書対象部分に重加算税対象部分が含まれている場合

　国外財産調書を提出すべしとされている者に対し後日調査があった場合，加算税の軽減加重があるということはわかりましたが，そうなるとそれらの部分についてはたとえ後日の調査で隠ぺい仮装等の事実があるとして重加算税を適用する場合であったとしても，国外財産に係る部分は全て重加算税の対象から除かれてしまうことになるのでしょうか？

A それらも含めたところで重加算税が適用になります。

解　説

1 国外財産調書提出の要件及び加算税の軽減・加重の対象になる「国外財産に係る事実」については，原則として重加算税の適用対象を除いたところで計算されます。

2 ただし，後日の調査等で隠ぺい又は仮装等の事実が明らかになった場合には，それらも含めた部分が重加算税の適用対象となります（送金等令12②）。

索　引

〔あ行〕

IRS National Tax Forum ……………… 197
IRSニューズレター …………………… 189
IPO ……………………………………… 160
悪質な相続税のがれ …………………… 32
アグレッシブなタックス・プランニング
　………………………………………… 168
「足の早い」経済活動 ………………… 155
預入先の営業所又は事業所 …………… 95
預入高 …………………………………… 127
アメとムチの施策 ……………………… 32
遺産税，相続税等の課税リスク ……… 161
意匠権 ………………………… 6, 108, 129
遺贈 ……………………………………… 110
著しく低い価額の対価 ………………… 110
一覧払手形買相場 ……………………… 136
1件当たりの申告漏れ ………………… 61
移転価格税制 …………………………… 65
印税収入期間 …………………………… 129
疑わしい取引 …………………………… 172
売掛金 …………………………… 111, 128
売掛金債権 ……………………………… 104
運用益 …………………………………… 164
営業権 ………………………… 6, 111, 130
営業上，事業上の権利 ………………… 6
SEC ……………………………………… 189
FBA（Federal Bank Agency）……… 189
LLC ……………………………………… 86
延滞税の控除期間 ……………………… 39
円高 ……………………………………… 88
円建て預金 ……………………………… 99
OECD …………………………………… 166
OECD合同レポート …………………… 170

欧米の富裕層 …………………………… 161
オフショア（国外）………… 11, 166, 197
オフショア・コンプライアンス
　…………………………………… 182, 183
オフショア所在財産 …………………… 183
オフショアを利用した税のがれ ……… 182

〔か行〕

海外金融機関からの借入れ（Loan）
　………………………………………… 185
海外金融資産の運用益 ………………… 141
海外資産の相続 ………………………… 63
海外資産の把握 ………………………… 63
海外取引調査 …………………………… 59
海外取引調査に係る調査件数 ………… 64
海外取引等を利用した課税のがれ …… 59
海外預金 ………………………………… 10
外貨預金 ………………………………… 7, 98
会計検査院（GAO）…………… 181, 182
海港 ……………………………………… 199
外国からの提供 ………………………… 140
外国為替及び外国貿易法 ……………… 199
外国為替の売買相場 …………………… 135
外国為替令 ……………………………… 199
外国銀行の代理人 ……………………… 189
外国金融機関 …………………… 154, 185
外国口座税務コンプライアンス向上法
　（FATCA）……… 154, 179, 185, 186, 197
外国子会社合算税制（タックス・ヘイブ
　ン対策税制）………………………… 65
外国通貨 ………………………………… 198
外国にある口座 ………………………… 95
外国法人の公開株式 …………………… 90
外国法人の発行する株式 ……………… 102
外資系内国法人 ………………………… 64
開発地 …………………………………… 108
解約 ……………………………… 28, 127
可採年数 ………………………………… 130

加算税加重対象	32, 201	共有（Tenants in Common）	123
加算税軽減	195, 201	共有財産の持分	124
貸付金	128	虚偽記載	41, 75, 138
貸付金債権	5, 104, 128	漁業権	5, 94, 130
貸付金債権の評価	128	居住者	18, 19, 20
貸付けによる所得	35	銀行	5
カジノ免税施設	189	銀行の対顧客相場	135
加重判定	32	金銭の所在地	110
過少申告加算税	28, 193	金銭ペナルティー	174
課税価格	62	金の地金（純度90％以上）	199
課税権	8	金融機関	189
課税件数	62	金融機関が保有する情報	149
課税時期における預入高	127	空港	199
課税時期の最終価格	125	区分所有財産	124
課税のがれ	181	クレジットカード会社の海外口座	177
株式	5, 102	現金	198
株式に関する権利	102	現金支払	56
株式の発行法人の本店又は主たる事務所	102	源泉分離課税	69
		原則的評価方式	126
仮払金	128	現地法人	64
為替換算レート	88, 90	券面額	132
為替ディーラー	188	権利行使	58
為替レートの変動	88	故意の申告書不提出によるほ脱犯	11
官庁間の相互協力義務	71	高額所得者	159
元本の価額	128	鉱業権	5, 94, 130
元本保証型	77	鉱区	5, 94
元利均等償還	132	航空機	5
企業者報酬	130	口座	165
既経過利子	127	口座開設	85
既経過利息	128	公社債の価額	132
期限後申告書	193	更正等の対象年	193
期限付手形買相場	136	購入契約地	92
期限内納付	39	合有（Joint Tenancy）	83, 123
基準年利率	130	功労金	5, 106
既存の加算税減免措置	33	小切手	198
寄託金	5, 95	顧客への現金でのドル売りレート	136
給与を支払った者の住所	106	国外財産調書	41, 193
行政区画	5	国外財産調書の提出先	23

国外財産の申告漏れ	7
国外財産の保有	7
国外所在不動産	10
国外送金等調書	10, 13, 48, 50, 59
国外送金等調書制度	11
国外送金等調書の提出	198
国外送金等調書の提出基準	11
国外送金報告制度	188
国外での株式投資	10
国外にある財産の評価	118
国外の金融機関	12
国外の税務当局	13
国外預金	183
国債	6, 112, 113
国債タックスシェルター情報センター (JITSIC)	147
国際的租税回避	8
国際的な課税のがれ	165, 179
国際的流動性	170
告知	55
国内で開設された口座	95, 198
告発	172
個人富裕層によるオフショア投資	158
個人富裕層の現状	158
個人富裕層の税務コンプライアンス	166
個人預金口座	143

〔さ行〕

在外財産	177
在外支店	99
財産債務明細書	12, 13, 44, 46
財産の権利者	6
財産の取得の時における時価	115
財産の種類	5
財産の譲渡	110
財産の所在の判定時期	115
財産の保全	54
財産評価基本通達	126

最終値	132
採石権	5, 94, 130
在日外銀支店口座	98
在日支店	57
裁判所及び連邦・自治体の諸官庁に対する課税情報の税務当局への通知義務	71
財務省税務行政監督官（TIGTA）	179
財務省令	74
サイン権を有する者	85
先物取引（FX取引等）	11
sudden rich	160
産業開発債	113
参酌	121
30％の源泉徴収	185
3か月間の最終価格の月平均額	125
CFR	188
資金出所	123
資金循環勘定	7
資金の流れ	13
資産運用の国際化	63
資産と負債が両建て	78
市場価格	125
執行管轄権	12, 13
執行共助条約	153
実地調査	61
実地調査件数	63
質問検査権	24
実用新案権	6, 108, 129
時点修正	121
G20	166
自動的情報交換	139, 145
自発的開示	174, 176, 183
自発的情報交換	139
支払手段等の携帯輸出・輸入申告書	199
支払調書	58, 69
死亡者数	62

司法省	179
仕向地	198
社債	5
重加算税適用対象	32, 200, 203
重加算税賦課件数	63
重加算税賦課対象	63
修正申告書	193
集団投資信託	6, 107
主たる債務者	104
出国税（Exit Tax）	170
出資	5
出資に関する権利	102
出版権	6, 109, 129
取得価額	199
純資産価額方式	126
純資産ベース	158
ジョイント・アカウント（Joint Account）	85
Jointly Owned Property	123
小会社	126
商業手形債権	104
上場株式の評価	125
譲渡	28
譲渡による所得	35
消費税の不正還付未遂罪	11
商標権	6, 108, 129
情報交換	10, 51, 52, 56, 59, 138, 139, 147, 149, 151, 153
情報交換ミーティング	147
情報申告書	41
情報入手	10
情報把握	10
所在	103
所在地	92
所在の判定	5
所得公示制度	190
所得税	10
所得税，贈与税等の課税リスク	161

所得税の申告漏れ	7, 9
所得を隠匿	165
所有者名義移転	82
自力執行権	54
資料情報	11, 55, 66
資料情報制度	69
申告義務違反	154
申告水準の向上	11
申告漏れ	28, 59
申告漏れ課税価格	63
申告漏れ件数	65
申告漏れ所得金額	65
信託	77
信用協同組合	5
信用金庫	5
水産業協同組合	5
SWIFT(Society for Worldwide Interbank Financial Telecommunication)	188
steady accumulated rich	160
ストック・オプション	57
ストックに関する情報	57
税関官署	199
税関検査場	199
税関申告制度	198
税収増	176
精通者意見価格	121
税務行政執行共助条約	52
税務コンプライアンス	11
税務専門家の役割と責任	197
税務長官会合	166, 167
生命保険契約	5, 103
船籍	5
船舶	5
送金	53, 165
送金業者（Money Transmitter）	189
送金等依頼	13
増差税収	190
総資産価額	130

総収入金額報告書 ……………… 12, 13	帳簿価格 …………………………… 199
相続，遺贈又は贈与により取得した財産	貯金 ……………………………… 5, 95
……………………………………… 115	著作権 ………………… 6, 109, 129
相続財産の申告漏れ ……………… 7, 9	著作者 ……………………………… 129
相続税 …………………………… 10, 62	著作隣接権 …………… 6, 109, 129
相続配偶者の株式買却 …………… 161	積金 ……………………………… 5, 95
贈与税 ……………………………… 10	定期郵便貯金 …………………… 127
租鉱権 ……………………… 5, 94, 130	定期預金 ………………………… 127
訴訟中の権利の価額 ……………… 134	提出期限後に提出 ………………… 38
租税条約に基づく情報収集制度 …… 11	提出義務者 ……………………… 195
損害保険契約 ……………………… 5, 103	提出促進策 ………………… 28, 30
	適用開始時期 ……………………… 25
〔た行〕	転換社債型新株予約権社付債 …… 132
第三者から提供される税務に関する情報	転換社債の転換価格 ……………… 132
……………………………………… 11	転換社債の発行会社の株式の価額 …… 132
第8作業部会 ……………………… 166	電子商取引 ………………………… 66
大会社 …………………………… 126	電子送受金業務 …………………… 189
対外証券投資 ……………………… 7	電信売買相場の仲値（T.T.M）…… 136
代金の支払地 ……………………… 92	電話加入権 …………… 6, 111, 130
対顧客直物電信売相場（T.T.S）…… 136	当該職員 …………………………… 24
対顧客直物電信買相場（T.T.B）	動産 ……………………………… 5, 92
……………………………… 135, 136	登録をした機関の所在 …… 92, 108
退職金 …………………………… 106	特段の理由 ………………………… 134
退職金受給権 ……………………… 106	特定海外金銭信託（Fiduciary Account）
退職手当金 ………………………… 5	……………………………………… 77
退職手当等功労金等 ……………… 106	特定金銭信託 ……………………… 77
タックス・ヘイブン ……… 165, 166	特例的評価方式 …………………… 126
脱税情報提供者 …………………… 190	特許権 ………………… 6, 108, 129
単独所有 …………………………… 81	突合 …………………………… 55, 56
遅延利息 …………………………… 39	富の創造及びその拡充期 ………… 160
地方債 ……………………………… 112	富を維持する時期 ………………… 160
中会社 ……………………………… 126	富を次の世代に手渡す …………… 160
懲役刑 ……………………… 75, 174	トラベラーズ・チェック …… 189, 198
超過利益金額 ……………………… 130	トリガー税率 ……………………… 90
調査権行使 ………………………… 13	取引関係者に対する税務当局への情報提
徴収依頼 …………………………… 54	供義務 ……………………………… 71
徴収共助 …………………… 52, 153	
徴収共助条約 ………………… 52, 54	

〔な行〕

内国税の適正な課税及び徴収 ………… 8
内国法人 …………………………… 57, 64
内容等に疑問がある場合 ……………… 138
名寄せ ……………………………………… 55
日本から外国への提供 ………………… 140
日本から外国への要請 ………………… 140
日本の銀行の現地支店 ………………… 99
入漁権 …………………………………… 5, 94
値下がり ………………………………… 88
年平均印税収入 ………………………… 129
農業協同組合 …………………………… 5
納税環境整備 …………………………… 11
納税管理人 ……………………………… 192
納税者の国外財産 ……………………… 13
納税者本人 ……………………………… 10
納税申告 ………………………………… 13
納税申告書 ………………………… 55, 56
納付遅延 ………………………………… 39

〔は行〕

パートナーシップを通じた土地所有
………………………………………… 86
配当所得 ………………………………… 35
売買実例 ………………………………… 121
発行体の所在地 ………………………… 112
罰則 ……………………………………… 41
バブル期 ………………………………… 62
番号口座（Numbers Account）……… 75
番号告知 ………………………………… 56
番号制度 ………………………………… 55
番号の付与 ……………………………… 56
非違 ……………………………………… 63
非永住者 ………………………… 18, 19, 20
非協力的なタックス・ヘイブン・リスト
………………………………………… 155
非居住外国人 …………………………… 96

非居住者 ………………………… 18, 20
非上場株式の評価 ……………………… 126
夫婦共有財産（Community Property）
………………………………………… 123
夫婦合有（Tenancy by the Entirety）
…………………………………… 82, 123
不正脱漏所得 …………………………… 65
不提出 ……………………………… 41, 75, 138
不動産 …………………………… 5, 74, 92
不動産貸付金 …………………………… 134
富裕層 …………………………………… 59
富裕層による国際的な課税のがれ …… 164
富裕層のライフスタイル ……………… 168
付与者 …………………………………… 58
プライベートバンク …………………… 77
Private Bill Buying Rate（顧客からの現
　金買い）……………………………… 136
フローに関する情報 …………………… 57
文書送達共助 …………………… 52, 54, 153
平均値 …………………………………… 132
米国外所在財産 ………………………… 185
米国市民と取引のある海外金融機関
………………………………………… 185
米国で事業活動を営む外国の金融機関
　（FFI）……………………………… 185
併用方式 ………………………………… 126
返済されるべき金額 …………………… 128
whistle-blowers office ……………… 190
邦貨換算 ………………………………… 127
包括遺贈 ………………………………… 80
報奨金 …………………………………… 190
法人格 …………………………………… 86
法人課税信託 …………………………… 6, 107
法定外資料 ……………………………… 68
法定資料 …………………………… 66, 68
法定申告期限 …………………………… 39
法定調書 …………………………… 41, 66
法定納期限 ……………………………… 39

ボーンリッチ（born rich） ……………… 160
保険契約に係る保険金 ………………… 103
本税の軽減 ……………………………… 174
本人への確認 …………………………… 138
本邦通貨 ………………………………… 198

〔ま行〕

マッチング ………………………………… 55
マネー・オーダー ……………………… 189
マネー・サービス・ビジネス ………… 189
マネーロンダリング規制 ………… 75, 172
マネーロンダリング対策 ………………… 69
未収入金 ………………………………… 128
みなし贈与 ………………………… 81, 110
未分割の国外財産 ………………………… 80
未報告事案 ………………………………… 51
無尽会社 …………………………………… 5
無申告加算税 …………………… 28, 193
無申告者 ………………………………… 59
無体財産権 ……………………………… 134
名義借り ………………………………… 82
持分形態 ………………………………… 123

〔や行〕

約束手形 ………………………………… 198
遺言検認 ………………………………… 82
有害な税の競争 ………………………… 155
有価証券 …………………………… 74, 199
優先徴収権 ……………………………… 54
要請に基づく情報交換 ………………… 139
要報告財産 ……………………………… 74
預金 ……………………… 5, 74, 95, 96
預金口座 ………………………………… 83
預金証書 ………………………………… 185
預貯金以外の預け金 …………………… 128
預貯金等の評価 ………………………… 127

〔ら行〕

利子所得 ………………………………… 35
利息の価額 ……………………………… 128
利付公社債 ……………………………… 132
両替業者 ………………………………… 188
漁場 …………………………………… 5, 94
労働金庫 …………………………………… 5
路線価 …………………………………… 121
ロンドン・サミット …………………… 166

〔わ行〕

work rand rich ………………………… 160
割引発行の公社債 ……………………… 132

【著者紹介】

川田　剛（かわだ　ごう）

昭和17年　茨城県生まれ
　　42年　東京大学卒業
　　49年　大阪国税局柏原税務署長
　　51年　人事院在外研究員（南カリフォルニア大学）
　　53年　在サンフランシスコ日本国総領事館領事
　　58年　仙台国税局調査査察部長
　　62年　国税庁調査査察部国際調査管理官
　　同年　国税庁長官官房国際業務室長
平成 6年　仙台国税局長
　　 9年　国士舘大学政経学部教授
　　　　　学習院大学法学部講師
　　　　　税務大学校講師（国際租税セミナー特別コース）
　　15年　國學院大學経済学部教授
　　16年　明治大学大学院グローバル・ビジネス研究科教授
他に平成9年～現在
　明治大学商学部大学院講師
　日本公認会計士協会租税相談員（国際課税）

【主な著書】『租税法入門（8訂版）』『基礎から身につく国税通則法（平成24年度版）』（以上，大蔵財務協会），『Q&A海外勤務者に係る税務』『節税と租税回避―判例にみる境界線』（以上，税務経理協会），『Q&Aタックス・ヘイブン対策税制のポイント』『ケースブック　海外重要租税判例』（以上，財経詳報社）など。他に著作・論稿等多数。

著者との契約により検印省略

平成24年9月1日　初版発行

Q&Aでわかる
国外財産調書制度

著　者	川　田　　　剛	
発行者	大　坪　嘉　春	
製版所	美研プリンティング株式会社	
印刷所	税経印刷株式会社	
製本所	株式会社三森製本所	

発行所　東京都新宿区下落合2丁目5番13号　株式会社　税務経理協会

郵便番号　161-0033　振替　00190-2-187408　電話　(03) 3953-3301 (編集部)
FAX (03) 3565-3391　　　　　　(03) 3953-3325 (営業部)
URL　http://www.zeikei.co.jp/
乱丁・落丁の場合はお取替えいたします。

Ⓒ　川田　剛　2012　　　　　　　　　Printed in Japan

本書を無断で複写複製（コピー）することは、著作権法上の例外を除き、禁じられています。本書をコピーされる場合は、事前に日本複製権センター（JRRC）の許諾を受けてください。
JRRC〈http://www.jrrc.or.jp　eメール：info@jrrc.or.jp
電話：03-3401-2382〉

ISBN978-4-419-05879-1　C3032